重庆市教育委员会教学改革项目"示范职教集团深化产教融合协同育人机制研究——以重庆电子信息职教集团为例"阶段性成果
重庆市教育科学研究院规划项目"双高计划背景下示范职教集团深化产教融合育人模式与路径的创新研究"阶段性研究成果

重庆电子信息职业教育集团绩效评估报告

莫绍强　向红梅　胡　敏　著

北京邮电大学出版社
www.buptpress.com

图书在版编目（CIP）数据

重庆电子信息职业教育集团绩效评估报告 / 莫绍强，向红梅，胡敏著 . -- 北京：北京邮电大学出版社，2023.6
  ISBN 978-7-5635-6929-8

Ⅰ.①重… Ⅱ.①莫… ②向… ③胡… Ⅲ.①电子信息—职业教育—经济绩效—研究报告—重庆 Ⅳ.①G719.2

中国国家版本馆 CIP 数据核字(2023)第 099721 号

策划编辑：彭　楠	责任编辑：孙宏颖	责任校对：张会良	封面设计：七星博纳

出版发行：北京邮电大学出版社
社　　址：北京市海淀区西土城路 10 号
邮政编码：100876
发 行 部：电话：010-62282185　传真：010-62283578
E-mail：publish@bupt.edu.cn
经　　销：各地新华书店
印　　刷：北京虎彩文化传播有限公司
开　　本：787 mm×1 092 mm　1/16
印　　张：12
字　　数：298 千字
版　　次：2023 年 6 月第 1 版
印　　次：2023 年 6 月第 1 次印刷

ISBN 978-7-5635-6929-8　　　　　　　　　　　　　　　定价：68.00 元

·如有印装质量问题，请与北京邮电大学出版社发行部联系·

前 言

重庆电子信息职业教育集团(以下简称"集团")于2016年成立,目前集团共有156个理事成员单位,其中企业103个、中高本院校47所、专委会(联盟)6个。重庆市教育委员会在2019年认定集团为重庆市高等职业教育示范性职业教育集团。

集团秘书处抽调了集团成员单位专家组成自查小组,从集团发展、制度建设、目标达成、办学成效、运行机制等方面进行了自查自评,重点梳理出了集团在内涵建设上取得的大批标志性成果。

经自查,集团理事单位在教学成果申报,教学团队建设,重点专业共建,精品课程建设共享,共享型生产性、标志性实训基地共建,混合所有制产业学院共建,教材合作开发,社会服务能力提升,产学研孵化平台建设,集团共享信息化平台建设,校企/大师/名师工作室及工匠工坊申报与建设等方面取得了大批标志性成果。

在集团法人治理结构、组织机构适时再造、共建共育共享机制健全、产教融合助推人才培养、集团成员协同育人等方面,校企联合组建了"秘书处联合办公室",引入企业管理思维和体制,负责集团日常运营和维护工作,取得了重要突破和显著成效。

集团在做好内涵和教学资源建设的同时,积极利用成员单位自身优势资源,辐射引领社会服务,取得了较好成绩。集团在扶贫攻坚方面紧跟国家战略,精准发力,举全力参与秀山、巫溪等地方的扶贫工作,通过产业扶贫、智力扶贫等多举措实施扶贫战略,取得了较好效果,交出了满意答卷。

经自查,也发现集团存在一些问题。

第一,集团的向心力不足,集团成员之间交流和互动程度不够,共享理念有待加强,资源整合度有待提升。

第二,非法人组织的法人治理限制了集团的"想象力"和发展后劲。非法人组织的治理机制使集团不能作为独立法人开展工作,仍然依托于牵头单位或者成员单位的"财政资助"和"行政管理",不能充分发挥集团的独立自主运作功效,集团的发展也受到学校管理的牵制。

第三,集团"品牌"意识还不够强,品牌塑造任重道远。

本书系重庆市教育委员会教学改革项目"示范职教集团深化产教融合协同育人机制

研究——以重庆电子信息职教集团为例"的阶段性成果,项目编号为203608;重庆市教育科学研究院规划项目"双高计划背景下示范职教集团深化产教融合育人模式与路径的创新研究"的阶段性研究成果,项目编号为2020-GX-366,项目主持人均为重庆电子工程职业学院的莫绍强,本书由课题组主研人员莫绍强、向红梅、胡敏共同凝练而成,感谢明伟、蔺朝莉等老师的帮助与奉献。

目 录

绪言 …………………………………………………………………………………………… 1

第1章 集团的由来 …………………………………………………………………………… 3

1.1 集团的牵头单位 ……………………………………………………………………… 3
1.2 集团成立相关信息 …………………………………………………………………… 4
1.2.1 校企联盟成立大会会议通知 …………………………………………………… 4
1.2.2 校企联盟成立 …………………………………………………………………… 4
1.2.3 校企联盟2012年年会通知 ……………………………………………………… 5
1.2.4 校企联盟成立大会顺利召开 …………………………………………………… 5
1.2.5 集团正式成立大会召开 ………………………………………………………… 6
1.2.6 集团成立批复 …………………………………………………………………… 7

第2章 集团化办学研究的意义、集团办学的特色与创新及集团发展规划 ……………… 9

2.1 集团化办学研究的意义 ……………………………………………………………… 9
2.2 集团办学的特色与创新 ……………………………………………………………… 10
2.3 集团发展规划 ………………………………………………………………………… 11

第3章 集团治理结构取得重要突破 ………………………………………………………… 14

3.1 集团章程修订规范 …………………………………………………………………… 14
3.2 集团组织规模生态发展 ……………………………………………………………… 14
3.2.1 集团常务理事单位 ……………………………………………………………… 17
3.2.2 集团理事长单位、副理事长单位及理事单位 ………………………………… 33
3.3 集团管理制度科学 …………………………………………………………………… 36
3.3.1 集团制定的发展规划与区域经济发展高度吻合 ……………………………… 36
3.3.2 集团理事会工作例会制度健全、科学 ………………………………………… 39

    3.3.3　集团资源共享成本补偿制度科学 40
    3.3.4　集团理事会议事制度科学 42
    3.3.5　集团财务管理办法公平高效 43
    3.3.6　集团章程合理规范 48
    3.3.7　集团主要职能及秘书处工作职责壁垒分明 57
    3.3.8　集团协议书公平公正 58

第4章　产教融合协同育人取得显著成效 62

  4.1　合作共建产业学院，培养大批精英人才 62
    4.1.1　合作共建长安汽车大学智能制造工程学院 62
    4.1.2　合作共建重电-华为ICT学院 66
    4.1.3　合作共建重电-新大陆物联网学院 69
    4.1.4　合作共建启明星辰网络空间安全学院 71
    4.1.5　合作共建重电-海尔智能电子学院 73
    4.1.6　合作共建中关村数字媒体学院 74
    4.1.7　合作共建重电-曼恒数字产业学院 75
  4.2　资源共建共享，办学共享成效显著 78
    4.2.1　专业共建共享 78
    4.2.2　课程共建共享 78
    4.2.3　教材共建共享 79
    4.2.4　基地共建共享 79
    4.2.5　数字资源共建共享 92
    4.2.6　师资共建共享 92
  4.3　人才培养质量显著提升 93
    4.3.1　利用集团平台，开展现代学徒制试点 93
    4.3.2　促中高职协调发展，创紧密型职教集团 93
    4.3.3　订单班人才培养规模生态，职业素养显著提升 93
    4.3.4　引入全价值链"1＋1＋n"协同育人新理念 94
    4.3.5　首创校企联盟"3·3·3"人才培养新模式 94
    4.3.6　非学历人才培养成效显著 94
  4.4　深入推进产学研合作，助推科研成果转型升级 97
    4.4.1　积极推进"1＋X"证书，职业技能水平稳步提升 97

  4.4.2 共建共享师资队伍,提升国际化育人质量 ………………………… 98
  4.4.3 合作共建产学研创新平台,孵化引领产学研互兴 …………………… 98
 4.5 构建"三位一体"产教融合新格局 ……………………………………… 98
  4.5.1 携手华为,三联四建三育,助力ICT产业链蓬勃发展 ……………… 99
  4.5.2 共投共管共营共享,建设"混合所有制"产业学院 ………………… 103
  4.5.3 双高计划"提升校企合作水平" ……………………………………… 106
  4.5.4 集团与阿里云计算有限公司签约协同育人 ………………………… 111
  4.5.5 校企合力技术新,产教融合成效显著 ………………………………… 111
 4.6 政园校企四方联动模式建设方案典型案例 ……………………………… 114

第5章 集团化办学后续需解决的问题 …………………………………………… 118

第6章 贯通教育稳步实施 ………………………………………………………… 121

第7章 国际影响持续扩大 ………………………………………………………… 124

第8章 辐射引领服务地方 ………………………………………………………… 129

第9章 脱贫攻坚与乡村振兴精准发力 …………………………………………… 132

第10章 现存问题及后续研究 …………………………………………………… 134

附录1 重庆市示范性职业教育集团申报书 ………………………………………… 136

附录2 补充材料清单 ………………………………………………………………… 149

附录3 校企合作开展情况及佐证材料 ……………………………………………… 165

绪　言

职业教育集团化办学是引领中国特色职业教育发展的亮丽名片，也是深化产教融合、校企合作的重要载体。重庆电子信息职业教育集团（以下简称"集团"）全面贯彻落实党的十九大精神，加快推进电子信息职业教育集团化办学，将产教融合作为促进重庆经济社会协调发展的重要举措，并将其融入重庆市经济转型升级各环节，贯穿集团人才挖掘及培养的全过程，促进电子信息职业教育链、人才链与产业链、创新链有机衔接，稳步推进电子信息产业人力资源供给侧结构性改革。

集团自成立以来，集团化办学形式不断丰富，治理结构不断完善，联结纽带多元化，逐步由松散型向紧密型发展，在国际化办学、产教联盟协同育人、共建共享混合所有制人才培养等方面彰显集团化办学特色，在集团内涵建设和可持续发展方面取得了大批标志性成果。其数字绩效为国家级教学成果一等奖3项、二等奖5项，重庆市教学成果奖21项。集团建成国家级重点专业19个、市级重点专业87个，国家级教学团队5个、省级教学团队31个，国家级精品课程17门、省级精品课程35门，国家级实训基地5个、省级示范实训基地9个、标志性的生产实训基地55个，合作共建产业学院13个，国际国内社会服务项目115个，产学研孵化平台7个，校企/大师/名师工作室/工匠工坊共76个，并出版了校企合作开发教材49本。

在集团法人治理结构、组织机构适时再造、共建共育共享机制健全、产教融合助推人才培养、集团成员协同育人等方面，校企联合组建了"秘书处联合办公室"，引入企业管理思维和体制，负责集团日常运营和维护工作，取得了重要突破和显著成效。

集团在做好内涵和教学资源建设的同时，积极利用成员单位自身优势资源，辐射引领社会服务，取得了较好成绩。集团在扶贫攻坚方面紧跟国家战略，精准发力，举全力参与秀山、巫溪等地方的扶贫工作，通过产业扶贫、智力扶贫等多举措实施扶贫战略，取得了较好效果，交出了满意答卷。

在创新创业方面，集团创新创业专委会积极建立"企业引领＋团队孵化"模式，利用重庆电子工程职业学院国家级众创空间的物业和管理优势，开展"创新、创业、创意"工作，取得了预期效果。

另外，集团领导和秘书处以"利益为前提、资源为纽带、契约为保障"为原则，积极推进集团成员命运共同体的形成，增加集团向心力的顶层设计。

集团秘书处已经在着手申报法人型集团组织，以形成独立运营和承担经济法律责任的主体，围绕集团成员单位共同建设一个真正的职业教育集团化办学的实体性纽带机构，在法人型职教集团建设方面进行有益的探索和创新。

同时，集团正在抓紧时间通过集团网站、微信公众号及其他新媒体进行广泛宣传，实时传播集团发展信息和相关动态,树立电子信息职教集团的"品牌"形象,从而取得社会各界的大力支持,让更多的社会人士参与集团的建设和发展,让更多的社会有志青年接受集团的教育资源,沐浴在中国职业教育的阳光下,徜徉在中国职业教育的春风里。

经专家小组自查自评认为:集团在教学/研究成果取得、集团内部治理及内涵建设、对外服务引领和社会责任承担、品牌塑造及资源整合、"共建共享共育"集团化人才培养、社会服务、科学研究等方面都彰显特色,在引领并带动电子信息类职业教育的深度发展层面发挥了重要而且不可或缺的作用,自评结果为"优秀"。

第1章 集团的由来

重庆电子信息职业教育集团是由高水平学校建设单位重庆电子工程职业学院牵头,联合国内外电子信息领域相关职业院校、培训机构、行业协会、企事业单位、科研院所等,按照"相互需求、平等互利"原则组建的全国职业教育资源共享平台。其前身为重庆市职业院校网络与信息安全校企联盟,成立于2011年5月31日(已在重庆市教育委员会备案)。

集团以电子信息校企联盟为纽带,以产教融合为核心,以大数据、云计算、人工智能等新一代信息技术促进传统制造业转型升级服务国家发展战略为主攻方向,通过"产、学、研、创、用"跨界融合集团内部资源,在校企人才共育、资源共建共享、技术开发与服务、国际合作与交流等方面,展开"行企园所校"多元化合作,逐步提升集团内成员单位的人才培养、资源跨界融合、技术服务水平,促进我国电子信息领域职业教育生态发展。

1.1 集团的牵头单位

2011年5月31日,在重庆市教育委员会(以下简称"市教委")和重庆市经济和信息化委员会(以下简称"市经信委")的大力支持下,重庆市职业院校网络与信息安全校企联盟成立了。创建伊始,加盟信息安全企业有63家,入盟职业院校有32所。2016年4月,应重庆市外其他职业院校加盟的要求,经研究,决定将重庆市职业院校网络与信息安全校企联盟更名为全国电子信息类专业校企联盟,专业范围扩展到电子信息大类,成员从纯专科层面扩展到本科院校和中职学校。联盟企业成员扩展到了134家,学校成员扩展到了112所,联盟会员发展到了478人。

2016年12月,联盟已具有相当规模,根据发展需要,由重庆电子工程职业学院牵头,在全国电子信息类专业校企联盟的基础上组建了重庆电子信息职业教育集团,2017年上半年举行了第一次常务理事会和成立大会,市经信委副巡视员艾万忠、市教委高教处副处长吴岚出席了大会,选举了重庆电子工程职业学院现任校长聂强教授担任理事长。2018年4月市教委发布了《重庆市教育委员会关于同意重庆三峡库区医教协同职业教育集团等9个职业教育集团备案的通知》(渝教高函〔2018〕26号)对集团正式备案。

当前,重庆电子信息职业教育集团、中国通信工业协会信息安全与云计算校企联盟和全国职业院校电子信息类专业校企联盟,已成为全国知名的校企合作组织,为国家职教发展做出了重要贡献。

1.2 集团成立相关信息

1.2.1 校企联盟成立大会会议通知

2011年《重庆市高职院校网络与信息安全专业校企联盟成立大会会议通知》如下。

《重庆市高职院校网络与信息安全专业校企联盟成立大会会议通知》

1.2.2 校企联盟成立

2011年重庆市高职院校网络与信息安全专业校企联盟成立。

校企合作是我国职业教育的传统办学方式在新时期的继承与创新，是高职院校在办学模式、培养方式、教学改革和人才评价等方面的创新与实践。为加强校企合作，服务地方经济，2011年5月31日，重庆市高职院校网络与信息安全专业校企联盟成立大会在重庆电子工程职业学院隆重召开了。市教委高教处处长徐辉、市经信委信息安全协调处副处长张宏利、重庆电子工程职业学院党委书记孙卫平、重庆市公安局网监总队队长程鹏、重庆市计算机安全学会副理事长王大川，以及绿盟科技副总裁郭尧鹏、神州数码公司网络大学教学总监李东方、趋势科技(中国)有限公司教育渠道总经理汪琦等50多家企业领导出席了会议，部分师生参加了会议。

重庆市高职院校网络与信息安全专业校企联盟成立大会

1.2.3 校企联盟 2012 年年会通知

《关于召开"重庆市高职院校网络与信息安全专业校企联盟 2012 年年会"的通知》如下。

重庆市网络与信息安全校企联盟工作委员会

关于召开"重庆市高职院校网络与信息安全专业校企联盟 2012 年年会"的通知

各有关职业院校/IT企业：

重庆市网络与信息安全校企联盟，在重庆市教育委员会和重庆市经信委的大力支持下，于 2011 年 5 月 31 日正式成立。经过一年多的运行，目前申请加盟的企业有 63 家，入盟的职业院校有 30 多所，联盟不断发展壮大。

新的一年，"联盟"将继续秉承"构建校企合作平台，促进校企对接、产教结合，实现学校和企业共同发展、互惠共赢"的宗旨，继续发展联盟成员，推动校企合作。此外，结合重庆职业教育实际，以及中职学校发展要求，今年联盟将重点发展中职学校会员单位，筹建"中职专委会"，实现中高职对接、企业和中职对接、共同发展，协调并进，形成独具特色的重庆职业教育格局，为重庆职业教育和 IT 产业发展做出新的贡献。

会务联系
马玲洁 电话：1822359░░░ 薛娜 电话：1351237░░░
电子邮箱：wucl░░@163.com

附件一：会议地点位置
附件二：报名回执表
附件三：日程安排

《关于召开"重庆市高职院校网络与信息安全专业校企联盟 2012 年年会"的通知》

1.2.4 校企联盟成立大会顺利召开

2016 年 4 月全国职业院校电子信息类专业校企联盟成立大会顺利召开。

2016 年 4 月 21 日至 24 日，由全国职业院校网络与信息安全校企联盟主办，海南软件职业技术学院承办，北京神州数码网络有限公司、锐捷网络股份有限公司和信息产业部南京第五十五研究所协办，在海南琼海嘉积镇隆重召开了全国职业院校电子信息类专业校企联盟成立大会，参会企业和职业院校有 70 多家，与会代表有 150 余人。

会议现场一

大会根据教育部发布的《高等职业教育创新发展行动计划（2015—2018 年）》和《教育部关于开展现代学徒制试点工作的意见》的相关文件精神，积极响应教育部倡导建立职教联盟的意见，由重庆电子工程职业学院牵头将全国职业院校网络与信息安全校企联盟更名为全国职业院校电子信息类专业校企联盟。

会议现场二

全国职业院校电子信息类专业校企联盟成立大会本着"校企合作、产教融合、共同发展、互惠共赢"的宗旨展开。开幕式由全国职业院校网络与信息安全校企联盟常务理事长武春岭教授主持,重庆电子工程职业学院党委副书记朱毓高博士代表学校就联盟成立首先致辞,常州信息职业技术学院校长王丹中教授、海南软件职业技术学院校长魏应彬教授和中国信息安全研究院杨晨博士分别就成立大会致辞。随后,联盟又成立了"信息安全校企合作分盟""云计算校企合作分盟""计算机网络与移动互联网校企合作分盟"和"机器人技术应用校企合作分盟"4个分委会组织,会上确定了企业代表陈继担任联盟秘书长的职务,以便更好地开展工作。

1.2.5 集团正式成立大会召开

重庆电子信息职业教育集团成立大会在重庆电子工程职业学院召开。

2017年6月13日上午,重庆电子信息职业教育集团成立大会在重庆电子工程职业学院博远厅召开,来自理事单位、副理事单位以及成员单位的代表近300余人参加了成立大会。会上,重庆市经济和信息化委员会副巡视员艾万忠和重庆市教育委员会高等教育处副处长吴岚为职教集团揭牌,标志着重庆电子信息职业教育集团正式成立。

集团成立大会

重庆电子信息职业教育集团是由重庆市教育委员会、重庆市发展改革委员会、重庆市财政局、重庆市经济和信息化委员会和有关行业协会等联合指导,由重庆电子工程职业学院牵头,由全国电子信息产业领军企业,电子信息类本科、高职、中职院校,行业协会,研究院所组成,具有联合性、非营利性等特性,在契约型独资、合资合作等多元合作体制下运行的职业教育产教联合体。

集团将坚持围绕重庆电子信息、汽车电子、智能机器人、电子商务、云计算、大数据等新兴产业的发展,秉着"市场驱动、创新机制"的原则,充分发挥市场在资源配置中的决定性作用,以共同利益为纽带,搭建资源共享、融合发展平台,创新校企互为依存、共同发展的新机制,探索新模式。重庆电子工程职业学院党委书记孙卫平在致辞中表示,重庆电子工程职业学院作为重庆电子信息职业教育集团的牵头单位,将会发挥核心骨干、示范、辐射作用,带动成员单位履行职责、建立集团运行机制,保障集团运行效率。

作为集团理事长,重庆电子工程职业学院校长聂强详细地介绍了2017—2018年度集团工作要点,进一步明确了集团的任务与目标。他强调,2017年是重庆电子信息职业教育集团的开局之年,对集团的建设与发展具有十分重要的意义,重庆电子信息职业教育集团会从技术研发、专业建设、合作发展三方面开展工作。此外,集团还将成立创新创业工作委员会、协同创新中心联盟、中高职衔接工作委员会、国际合作交流工作委员会、职业培训与就业工作委员会,整合资源实现集约化发展。值得一提的是,集团还专门成立了"国际合作交流工作委员会",整合集团成员间的国际合作与交流资源和信息,以提升集团国际影响力和加快职教资源国际化进程。

1.2.6 集团成立批复

集团成立批复的通知如下。

(a)

附件

同意备案职业教育集团名单

序号	牵头单位	职教集团名称	组建时间
1	重庆三峡医药高等专科学校	重庆三峡库区医教协同职业教育集团	2012.05
2	重庆医药高等专科学校	重庆医药职业教育集团	2012.05
3	重庆航天职业技术学院	重庆航空航天职教集团	2017.11
4	重庆电子工程职业学院	重庆电子信息职业教育集团	2016.12
5	重庆城市管理职业学院	重庆现代服务业职教集团	2017.10
6	重庆工程职业技术学院	重庆测绘地理信息职业教育集团	2017.10
7	重庆工贸职业技术学院	重庆市药品食品职业教育集团	2017.04
8	重庆水利电力职业技术学院	重庆水利水电职业教育集团	2018.03
9	重庆信息技术职业学院	重庆市互联网产业职业教育集团	2018.03

(b)

《重庆市教育委员会关于同意重庆三峡库区医教协同职业教育集团等9个职业教育集团备案的通知》

第 2 章 集团化办学研究的意义、集团办学的特色与创新及集团发展规划

2.1 集团化办学研究的意义

一、集团化办学研究的理论意义

集团化办学是将学校、企业、政府等社会组织有效整合,组建为一个技术与创新资源集聚的平台。这有利于扩展职业院校在教学理论研究上的视野和空间,丰富理论教学内容,挖掘理论教学的内在潜力生长点,提高高职院校人才培养质量。

职业教育集团化有利于实现资源共享,通过整合多元化主体的资源,创新职业教育的新模式、新方向。职业教育集团化办学依据社会经济发展规划教育发展,实现资源共建共享,凝聚合力,提高质量,推动职业教育改革创新的战略是创新职业教育办学模式,加快建设"产教融合、校企合作、贯通教育"的现代化职业教育体系。

二、集团化办学研究的实践意义

政府方面。集团化办学有利于政府对产业演进趋势制定合理有效的职业教育发展规划,增强政府对职业教育产业协调发展的组织能力,指引并调控职业院校的产业协调发展。

产业协调方面。集团化办学有助于推动高等职业教育与现代产业体系紧密对接,培养现代产业和未来技术急需的高素质劳动者和技术技能人才;有益于增强高等职业教育与产业之间的适切性和匹配性,提升高等职业教育服务产业发展的针对性和实效性,使高等职业教育在构建现代产业发展新体系的过程中,充分发挥服务与支撑产业转型升级的重要作用,在促进产业优质高效发展的同时,获得自身的可持续发展。

高等职业教育创新方面。集团化办学有利于优化高等职业教育结构,推动高等职业教育发展方式创新,调适高等职业教育服务产业发展的功能,提升高等职业教育的竞争力;有助于高等职业教育在产业协调发展的过程中,推进产教融合,构建以服务现代产业发展为宗旨的现代高等职业教育体系,加快高等职业教育现代化进程。

实践价值方面。校企资源共享的实现能够在一定程度上解决教育资源投入不足、资源分散等问题,职教集团化能够促进资源整合,以达到效益的最大化。

2.2 集团办学的特色与创新

一、建立"平台＋实体"的职教集团运行机制,全国首创

重庆电子信息职业教育集团以产教融合为核心,首创基于相互需求、技术融入与效益分享的"管理、专业双平台＋产业学院、实训基地双实体"集团化办学运行新机制,搭建了创新创业工作委员会等四个管理平台,建立了重庆通信行业校企联盟等六个专业平台,建设了数字创意产业学院等混合所有制学院,打造了ICT(信息通信技术)产业链等产教融合实训基地。集团运行机制如下。

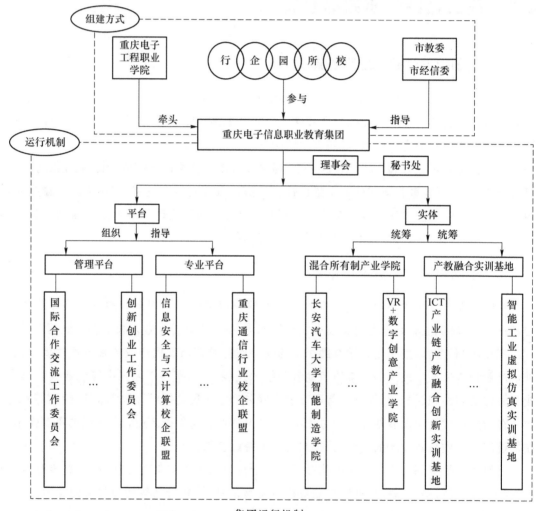

集团运行机制

2018年,人民网以《产教融合重深度,人才培养落实处》为题,率先对职教集团"平台＋实体"进行了专题报道。2019年,央广网、新华网分别以《从"融入"到"融合",重庆电子工程职业学院深化产教融合有"新"意》《建构职教集团-专业联盟-产业学院"三位一体"的产教融

合体系》为题对"平台＋实体"的运行机制进行了深度分析和跟踪报道。

二、共建混合所有制产业学院，示范引领

以"产权介入、技术融入、资源投入"为主，多主体、多模式共建产业学院。集团与国内行业领军企业共建了科大讯飞人工智能学院、腾讯云大数据学院等32个特色产业学院，在高职学校建成了全国第一个"华为ICT产教融合实训基地"和第一个"华为认证培训中心"。

依托产业学院，集团取得了300多项有影响力的国家级成果。其中："计算机类专业'联盟制、项目制、导师制'创新人才培养改革与实践"等17个项目获得了国家级教学成果奖；集团建成了"通信技术专业"等74个国家级骨干专业、"GSM基站系统运行与维护"等41门国家级精品课程、"微电子技术专业"等11个国家级专业教学资源库；校企共同出版了71本"十一五""十二五"国家级规划教材；集团培养了武春岭、陈良等4名国家级教学名师和技能大师。

三、服务国家发展战略，特色鲜明

实施"集团＋合作社＋基地＋农户"的产业扶贫工程。京东、重庆电子工程职业学院等职教集团成员单位将物联网等新技术应用到扶贫项目中，帮助深度贫困区巫溪县天元乡建成了5个"1万"的产业扶贫基地，提供了"一品一策"智能化生产技术和新零售培训。该举措在全市孵化了创业项目327个，培训了新型职业农民3 258人，助力集团成员学校荣获了全国高职服务贡献50强。

采用"走出去""引进来"双驱动，服务国家"一带一路"倡议。校企共建了"泰国分校""亚龙丝路学院""中德职教师资培训基地"等国际合作中心，联合德国、加拿大等16国高校合作办学。校企共同培养了留学生519人、进修生102人、交换生158人，面向巴基斯坦等11国为185人提供了ICT培训认证。

集团近些年在招生、就业、安全等领域未发生过违法或重大违规事件。

2.3 集团发展规划

根据《国家职业教育改革实施方案》的精神，以重庆电子信息职业教育集团为载体，发挥企业投身职业教育的主体作用，带动区域信息类职业院校协同发展，实现多主体资源共建共享，将"平台＋实体"职业教育集团模式和产教融合机制面向全国推广。

一、发展目标

2023年，成为新一代信息技术全国职业教育集团化办学的标杆、服务长江经济带绿色智能发展的引导者、国家级产教融合型示范基地的引领者，具有较大的国际影响力。

二、重点任务

（一）产教融合人才培养有新成果

与百度、腾讯、华为、海尔、新大陆等行业领军企业合作共建产教融合实训基地和产业学院50个。与永川区政府共建云计算学院，与国家高新区金凤电子信息园区共建电子信息与

检验检测学院。培育国家级和省级产教融合型示范企业10家以上。共建教学资源库100项、专业20个、课程100门以上。校企共育学生参加职业技能大赛累计获奖200项以上，校企共育省级以上技能大师10人以上。联合申报省级以上教学成果奖不少于7项。

中国通信工业协会信息安全与云计算校企联盟将进一步与百度、科大讯飞、启明星辰等企业落实产业学院建设工作，与企业共建专业实训基地100个，培育国家级产教融合示范企业30家以上。联合重庆城市管理职业学院、重庆电讯职业学院等共建国家级专业教学资源库10项以上、课程200门以上，共育学生参加国家级职业技能大赛并获奖100项以上，联合申报国家级教学成果奖不少于5项。

（二）新一代信息技术创新有新突破

围绕"硅光子芯片、物联网应用、精密制造与机器人、网络空间安全"等新技术，园校企共建20个技术创新中心。打造技术技能创新服务平台，校企共同开发新产品和技术标准10项以上，申请发明专利100项以上，服务500家中小微企业，创造经济价值100亿元。

中国通信工业协会信息安全与云计算校企联盟将围绕信息安全、密码技术、人工智能、软件技术、云计算、大数据等新技术，联合成员单位共同建设技术创新中心、科技研发平台等，开发新产品，申请发明专利10项以上、实用新型专利50项以上、软件著作权100项以上，服务中小微企业120余家，拟实现科技成果转换经费达3 000万元以上。

（三）服务国家战略有新贡献

助推中国优质产能"走出去"，与宗申、传音、OPPO等企业共建乌干达鲁班工坊和印尼技术培训中心，招收"一带一路"沿线30个国家的留学生700人以上。吸收长江沿线省区市的企业和职业院校，助推长江经济带绿色智能发展。成员单位积极参与乡村振兴，帮助200个家庭脱贫致富，为全面建成小康社会贡献力量。

中国通信工业协会信息安全与云计算校企联盟将进一步落实中央网信办发布的《关于加强网络安全学科建设和人才培养的意见》和国家智能化人才培养相关精神，联合中国通信工业协会教育分会，面向全国高职院校和行业单位，展开专业与地方社会发展相结合的人才培养研讨会，促进专业服务地方社会经济发展。

（四）弘扬"工匠精神"，传承中国文化有新作为

依托校企文化融合，着力培养具有家国情怀、完全人格、高超技艺、国际视野的新时代大国工匠和能工巧匠。建立"传统文化进企业、企业文化进学校"的畅通机制，重点建设中国"铜梁龙"、中国"马书画"、綦江版画"等五大学习体验中心，打造集团内的"家国情怀文化课堂""完全人格拓展训练""高超技艺赛场竞技"等平台，形成培育"卓越工匠"的模式与经验。

依托人工智能、软件技术、大数据、智能制造等新技术，联合企业，带领学生走进传统文化基地，学习传统文化知识，争做文化传承人，学会运用科技手段将非物质文化遗产和文化遗产推广至世界的舞台，如大足石刻数字化建设、"中国四大名绣"非物质文化遗产展示信息化设计等项目。

三、多元合作办学的保障措施

（一）建立合理的组织机构，保障集团运行机制畅通

在教育行政管理体制下，集团的运行必须以相关政府部门为主导，行业机构通过发挥企

业资源优势、信息优势、智力优势进行指导,政行协同,共建共管,才能使"教"和"产"更好地融合。集团在市教委和市经信委的指导下开展工作,集团的最高权力机构是理事会,牵头院校重庆电子工程职业学院为理事长单位和秘书处单位,同时集团设立工作指导委员会为管理平台、产教融合专业联盟为专业平台,负责指导产业学院和产教融合实训基地的建设与高质量发展。

(二)制定完善的管理制度,保障集团运行机制规范

集团以章程为引领,明确了学校与企业的权利与义务,同时为充分调动行企园所校参与集团化办学的积极性、主动性和创造性,制定了《专业合作建设委员会工作条例》《校企合作管理办法》《校企合作考核评价办法》《教师实践锻炼管理办法》《学生顶岗实习管理办法》等10多项管理制度,对专业建设、师资队伍建设、人才培养、实习实训等产教融合、国际合作项目进行规范、过程监控和考核评价,使得校企、校地、校校参与集团化办学的目标逐渐趋向一致,为集团化办学顺利进行提供有效保障和激励机制。

(三)合作共建多元共育平台,保障集团沟通机制的有效性

集团网站、《职教集团报》、产学研创孵化平台三个媒体已成为集团内的信息中心、沟通纽带和技术交流与业务合作平台,发布集团新闻,展示企业新产品、新技术、新动态及人才需求情况,展示院校教育教学改革和人才培养情况,展示校企合作案例。此外,集团通过主办、承办和组织成员单位参加园区校企对接会、人才供需会、专业研讨会、卓越工业文化讲堂等活动,搭建政校企行沟通的平台,开展企业人才需求调研,定期发布集团内各类技能型专门人才需求报告,密切跟踪并关注区域内行业职业岗位和技术需求情况,实时调整集团内职业院校专业结构和人才培养方案,保障集团多元参与的对话协作机制通畅有效。

第3章 集团治理结构取得重要突破

集团管理制度科学,机构运行有序。集团成员单位之间,集团与政府部门、行业协会之间通过交流平台,建有常态化的定期会商机制。集团定期召开会议、组织对口交流协商等活动,以充分发挥以理事会(董事会)、秘书处(国际合作发展处)等为代表的内部组织职能。在经费运行方面,集团自身具备资金筹措机制,有稳定的、多元化的资金来源,能满足集团日常运行需要。在考核激励方面,集团修订了各参与主体广泛参与的全面考核机制,考核标准详细、可操作性强,考核程序严格、规范,考核结果客观、公正,并在奖惩等方面均有应用,考核成效明显。以资本为纽带,通过民政申报法人实体,多元投资共建法人型职业教育集团。

集团章程修订规范,集团治理结构取得重要突破,新吸入51名国内外理事成员,集团成员规模生态发展,内部结构调整与重组更科学。集团内行业企业理事成员、国内中高本理事成员、国外高校理事成员及各专委会和工作委员会多元主体协同配合,建立共同决策的组织结构和决策机制,集团内部治理结构和决策机制完善,有利于促进集团成员的深度合作、紧密运行和协同可持续发展。涉及集团重大决策内容时,有规范、科学的决策机制和决策程序,决策结果得到全面贯彻落实,执行效果良好。

3.1 集团章程修订规范

为贯彻落实《国家中长期教育改革和发展规划纲要(2010—2020年)》《教育部关于深入推进职业教育集团化办学的意见》(教职成〔2015〕4号)的文件精神,满足《重庆市人民政府办公厅关于促进职业教育校企合作的通知》(渝府办发〔2015〕145号)文件"推进职业教育集团化办学"的要求,促进电子信息产业职教资源整合、优化与共享,积极探索政行校企合作培养人才新机制,提高职业教育质量,为重庆经济建设、行业发展和社会进步培养高素质人才,集团主要从组成与管理、工作目标与任务、集团职责、权利义务等方面修订规范了《重庆电子信息职业教育集团章程》。

3.2 集团组织规模生态发展

为了实现规模生态发展、厘清权责边界、明确把关原则,集团进行了组织结构的合理调整和科学规划,组织规模生态发展,从中国通信工业协会信息安全与云计算校企联盟、重庆电子信息技术职业教育指导委员会、重庆通信行业校企联盟、重庆市物联网产业协会教育与培训专委会、重庆市工业机器人专业教学指导委员会、重庆职业教育学会传媒艺术专业委员会等六个专业联盟成员单位中精选了41个学校和企业组成常务理事单位。集团下设创新创业工作委员会、中高本衔接工作委员会、国际合作交流工作委员会、职业培训与就业工作委员会。集团在原有111个理事单位的基础上，2022年新增了51个理事单位。

在111个理事单位中，企业为61个，职业院校为19所，中职院校为12所，本科院校为3所，国外院校为10所，专委会为6个。从统计数据来看，集团结构合理，完全符合重庆市高等职业教育示范性职业教育集团建设标准。重庆电子信息职业教育集团新增的51个理事单位明细如表3-1所示。

表 3-1　重庆电子信息职业教育集团新增的51个理事单位明细

序　号	单位名称
1	重庆市石柱土家族自治县职业教育中心
2	重庆觅义网络科技有限公司
3	重庆科尔讯科技有限公司
4	重庆靶向科技发展有限公司
5	重庆隆锦科技有限公司
6	重庆隆联科技有限公司
7	智慧云海（重庆）科技发展有限公司
8	重庆杉臣教育科技有限公司
9	重庆每益购网络科技有限公司
10	重庆米凡科技有限公司
11	广东唯康教育科技股份有限公司
12	北京西普阳光教育科技股份有限公司
13	深圳市奥荣科技有限公司
14	重庆茂展科技有限公司
15	重庆刻和科技有限公司
16	中赞实业有限公司（以纯集团重庆办事处）
17	重庆数析科技有限公司
18	重庆市渝中职教中心
19	重庆同登科技有限公司
20	重庆陇蕴科技有限公司
21	重庆市云阳职业教育中心
22	重庆市万盛职业教育中心
23	重庆路优星通讯科技有限责任公司
24	重庆茵特莱企业管理咨询有限公司
25	重庆联雄汽车零部件有限公司
26	重庆国雄科技有限公司
27	重庆纽腾网络科技有限公司
28	重庆邦泰人力资源管理有限公司
29	重庆汉龙网络科技有限公司

续表

序号	单位名称
30	重庆城市生活信息技术有限公司
31	重庆致岚科技有限公司
32	亚凡科技有限公司
33	重庆迈斯特数码科技发展有限公司
34	北京国茂科技有限公司
35	北京神州绿盟科技有限公司
36	重庆安巡佳安全技术有限公司
37	重庆佳锐颖科技发展有限公司
38	重庆志可立教育咨询有限公司
39	重庆渝佳资产评估土地房地产估价有限公司
40	重庆链家房地产经纪有限公司
41	浪潮通用软件有限公司
42	重庆华语文化传媒有限公司
43	重庆路音驾驶培训有限公司
44	深圳市誉托科技有限公司
45	重庆校企融合协会
46	重庆智鉴人力资源服务有限公司
47	重庆市通信建设有限公司
48	中国电信重庆公司校园客服中心
49	南京嘉环科技有限公司
50	重庆遇见未睐发展有限公司
51	西安开元电子实业有限公司

集团秘书长由副校长龚小勇担任,副秘书长由华为技术有限公司的李华强、深圳普乐创投投资管理公司的杨雄、重庆电子工程职业学院国际交流与合作发展处处长莫绍强教授和教务处处长王正勇教授担任。聘用重庆威冠实业有限公司总经理文团任创新创业专委会主任、深圳普乐创投投资管理公司总经理杨雄任副主任、重庆电子工程职业学院通识教育与国际学院院长沈雕任副主任兼秘书长。聘用重庆长安汽车股份有限公司人力资源部部长王武生任职业培训与就业专委会主任、富士康科技集团重庆园区工会主席宇继生任副主任、重庆电子工程职业学院培训与继续教育中心主任陈志军任副主任兼秘书长。聘用重庆邮电大学国际处处长曹华任国际合作与交流专委会主任、马来西亚博特拉大学教授 WONG KING SONG 任副主任、重庆电子工程职业学院国际交流与合作发展处副处长刘影任副主任兼秘书长。聘用重庆科技学院教务处处长柏伟任贯通教育专委会主任、重庆教育管理学校副校长杨志诚任副主任。

3.2.1 集团常务理事单位

重庆电子信息职业教育集团组织机构调整优化图如下。

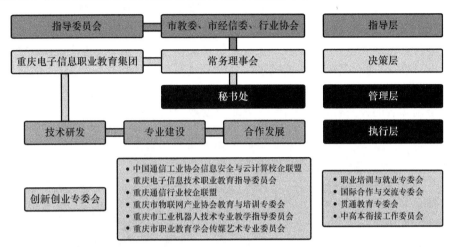

重庆电子信息职业教育集团组织机构调整优化图

一、集团常务理事单位的组成

(一) 中国通信工业协会信息安全与云计算校企联盟

中国通信工业协会信息安全与云计算校企联盟 2018 年年会

中国通信工业协会信息安全与云计算校企联盟(以下简称"联盟")是在全国职业院校电子信息类专业校企联盟的基础上筹建的,旨在促进"校企合作,产教融合"。联盟在重庆市教育委员会和重庆市经信委的大力支持下,于 2011 年 5 月 31 日正式成立,最初命名为重庆市职业院校网络与信息安全校企联盟。创建伊始,加盟信息安全企业有 63 家,入盟职业院校有 32 所。2016 年 4 月,应重庆市外其他职业院校加盟的要求,经研究,决定将重庆市职业院校网络与信息安全校企联盟更名为全国电子信息类专业校企联盟,专业范围扩展到电子信息大类,成员从纯专科层面扩展到本科院校和中职学校。联盟企业成员扩展到134家,学校成员扩展到112所,联盟会员发展到478人。2017年,联盟考虑信息安全和云计算技术的特殊性和重要性,全国职业院校电子信息类专业校企联盟特向中国通信工业协会申请,在其下设"中国通信工业协会信息安全与云计算校企联盟"二级机构,经中国通信工业协会批准和工信部与民政部备案,中国通信工业协会信息安全与云计算校企联盟组织于2017年4月正式成立,该组织与全国职业院校电子信息类专业校企联盟共享一套班子,协同发展。当前,中国通信工业协会信息安全与云计算校企联盟和全国职业院校电子信息类专业校企联盟已成为全国知名的校企合作组织,为国家职教发展做出了重要贡献。

中国通信工业协会信息安全与云计算校企联盟成立大会1

中国通信工业协会信息安全与云计算
校企联盟成立大会2

武春岭理事长与梁平职教中心乐发明
副校长签订合作协议

中国通信工业协会会长王秉科为教育教学
成果特等奖项目颁奖

中国通信工业协会信息安全与云计算
校企联盟成立大会3

 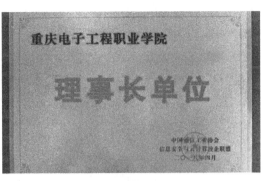

| 虚拟现实(VR)分盟成立启动仪式 | 理事长单位牌匾 |

（二）重庆电子信息技术职业教育指导委员会

重庆电子信息技术职业教育指导委员会成立

2017年4月8日，在工业和信息化职业教育教学指导委员会、电子信息类专业指导委员会、重庆市半导体行业协会、重庆市经济和信息化委员会、重庆市教育委员会的指导下，由重庆电子工程职业学院牵头，联合相关职业院校（含中职学校）、企业、行业协会等单位组建而成的重庆电子信息技术职业教育指导委员会，以国家教育方针与电子信息产业政策为指导，秉承优势互补、共谋发展、共享成果的合作理念，以产业需求为导向，立足行业、依托企业，致力于探索产教深度融合的机制体制，创新电子信息类专业人才培养模式，强化院校社会服务能力，提升专业服务产业发展能力，协同打造电子信息产业良性发展生态。

重庆电子信息技术职业教育指导委员会自成立以来在加强校企合作、产教融合，共同培养企业所需的技术技能人才等方面开展了相关的指导工作，在加强校际合作、交流沟通，共同提升重庆电子职教整体水平，加强中高职衔接，指导制定市级中高职衔接人才培养标准，构建人才培养体系方面取得了显著成果。重庆电子信息技术职业教育指导委员会的成立有利于推动重庆市电子信息技术职业教育与产业、企业资源整合、优化，有利于提高职业教育质量，使职业教育培养的电子信息类人才能够更好地满足企业的用人需求，有利于加强校际的有效合作，提升重庆市电子信息职业教育的整体水平。希望通过学校与企业、学校与学校的密切合作,加大双方教学、就业、人才等多方面的资源整合,协同培养符合新时代发展需求的学生,协同创新,共谋发展。

社会服务工作科普进校园

组织成员单位参加2018中国集成电路产业促进大会

组织教师参加嵌入式技术应用交流研讨会

第一期ALTIUM认证考评员专题培训班留影

联合指导学生参加电子产品设计及制作竞赛,获全国二等奖

组织成员单位开展"十三五"电子信息人才培养方案研讨会

组织开展竞赛总结会工作

联合指导学生参加"朗迅杯"电子设计竞赛

开展应用电子技术专业中高职衔接教学标准研讨会

组织成员单位及相关院校开展ALTIUM认证考评员培训

组织成员单位开展"十三五"电子信息人才培养方案研讨会

组织成员单位开展光电显示技术专业教学标准制定研讨会

（三）重庆通信行业校企联盟

重庆通信行业校企联盟是由重庆电子工程职业学院通信工程学院牵头，联合重庆地区相关专业所在高职院校、重庆地区通信企业，以及相关企业驻重庆办事处成立的组织，本着平等、自愿、互利原则，以市场为导向，以校企合作为手段，旨在为联盟成员提供信息沟通、业务合作、资源共享等服务。重庆通信行业校企联盟的主要工作内容：通过论坛、会议、项目委托等方式，实现入盟成员单位的资源开放与共享，为成员单位提供教育培训、生产研发、设备设施、人力、就业（创业）岗位、社会市场等资源；通过校企共建实训实习基地、顶岗就业基地、创业孵化基地，以及订单式人才培养、技能大赛等方式，积极推动院校和企业的人才培养及更多领域的业务合作；通过联盟平台，集聚教育与产业合作的综合优势，打造教产合作、校企一体的品牌项目，宣传典型案例；每年召开联盟例会，依据各成员单位提出的议题，组织成员单位参与并协调处置，也可根据成员单位的提议，对共同关心的重大议题不定期地组织专项交流研讨会；针对联盟个体单位，根据实际需求推出具体的个性化服务，如订单培养、代理招聘、顶岗实习、师资互换、人才交流等；维护成员单位的合法权益，反映其合理意见、要求和建议，帮助成员单位排忧解难。

重电-华为ICT学院成立协议签署仪式

2018年全连接大会孙卫平书记发言

2018年全连接大会龚小勇副校长发言

2018年重电-华为ICT学院签约现场

重电-华为巴基斯坦高级专业技术人员 ICT 技术培训

2018年与万盛签订合作协议

颁发巴基斯坦高级专业技术人员 ICT 技术培训证书

2018年ICT联盟年会

2018年ICT人才联盟合影

华为ICT应用型人才培养基地牌匾

华为信息与网络技术学院牌匾

巴基斯坦高级专业技术人员 ICT 技术培训证书

华为数通云计算技术培训证书

（四）重庆市物联网产业协会教育与培训专委会

物联网作为国家重点发展的新兴产业、重庆市十大战略性新兴产业之一，覆盖物联网城市、智能工业、智能交通、智能电网、智能物流、智能农业、智能医疗、环境监测等八大领域。为促进物联网产业健康快速发展,2011年重庆市物联网产业协会正式成立,由重庆市民政局批准成立,是重庆市经济和信息化委员会指导的具有独立法人资格的非营利性社团组织,由200余家从事物联网产业相关技术研发、产品设计、生产制造、系统集成、应用推广、教学、服务等工作的企事业单位、社会团体自愿组成。

2015年11月由重庆市物联网产业协会牵头,物联网技术应用人才培养专题研讨会在重庆电子工程职业学院隆重举行,此次专题研讨会为各大职业院校与企业搭建了交流与合作的平台,促进了物联网技术应用专业人才与产业融合的有机对接,对推进重庆市校企一体化育人、校企产教融合、院校转型发展等方面具有重要意义。

2016年5月重庆市物联网产业协会成立了教育与培训专委会,现有会员单位30余家,其中高校近20所,重庆电子工程职业学院任秘书处单位和主任单位。该专委会是从事职业院校物联网专业教学教育研究、行业院校技能大赛组织与培训、校企合作交流的群众性团体,是学术性非营利社会组织,由从事物联网技术研究的院校、研究机构及物联网产业企事业单位组成。宗旨是遵循职业技术教育规律,团结热心从事物联网教学研究的工作者,跟踪物联网产业发展,加强物联网专业技术技能人才培训与工作交流,促进校企合作、产学研用结合,提升物联网专业的师资水平,不断提高职业院校物联网专业技术技能人才的培训质量,提高重庆市物联网产业人才质量。重庆电子工程职业学院电子与物联网学院院长陈良教授代表重庆电子工程职业学院发言指出,设立重庆市物联网产业协会教育与培训专委会十分必要,通过联合市内物联网技术研究院校、机构与企事业单位等,能进一步碰撞出物联网技术人才培养新教学、新模式、新方向的火花,促进校企合作、产学研用紧密结合。

2017年6月16日祝贺重庆市物联网产业协会教育与培训专委会
成为重庆电子信息职教集团副理事长单位

全国物联网产教协同育人
高峰论坛1

全国物联网产教协同育人
高峰论坛2

重庆市物联网应用技术人才专场
招聘会企业代表宣讲

连续四年荣获重庆市物联网产业协会优秀成员单位

重庆市物联网技术应用人才培养研讨会

专委会成立大会

重电-新大陆物联网学院签约1

重电-新大陆物联网学院签约2

海尔COSMOPlat智能学院成立1

海尔COSMOPlat智能学院成立2

重庆市大足区经济和信息化委员会校外培训

陈良教授参加重庆市物联网产业协会2016年第一次理事会常务理事单位

重庆市物联网产业协会2017年度优秀会员单位

"3+2"人才培养方案

（五）重庆市工业机器人技术专业教学指导委员会

为了提升工业机器人技术专业的办学水平和人才培养质量，增强服务重庆经济社会发展能力，重庆电子工程职业学院智能制造与汽车学院依托重庆市高等职业院校专业能力建设项目筹建了重庆市工业机器人技术专业教学指导委员会。作为重庆市机器人协会的二级分会，该委员会主要由行业、企业、高等院校、科研院所的专家、学者、工程技术人员和学院领导、系（部）主任、相关职能机构负责人、专业（学科）带头人及其他有关专家组成。重庆市工业机器人技术专业教学指导委员会树立和落实以人为本的科学发展观和科学教育观，认真贯彻党的教育方针和国家关于推进职业教育改革与发展的方针政策，坚持以就业为导向打造一个共享共赢、互融互通的交流与合作平台，联合职业院校、科研院所、行业、企业等多元主体，在行业人才标准制定、专业课程开发、教育教学评价等方面发挥各自的优势和作用，将代表国际一流水平的人才培养标准和培养方案引入职业院校中，实现行业与专业对接、生产与教学对接、岗位与课程对接，形成企业、院校、学生"三赢"的人才供给链，助力中国教育改革，有效推动产业转型升级和社会经济发展，切实推动工业机器人技术成果转化和协同创新，真正实现智能制造及工业互联网平台的落地应用。

亚龙教育国际培训西南基地揭牌

与重庆机器人联盟交流

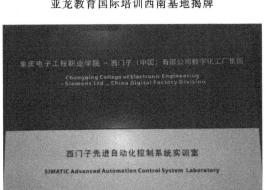

西门子实训

欧尚星级技术培训

共青团付振邦书记到校指导工作

学生作品

智能制造与工业自动化技术中心

长安汽车大学智能制造工程学院

企业实训基地

现代学徒制企业实训

技能鉴定站

技能大赛获奖

（六）重庆市职业教育学会传媒艺术专业委员会

重庆市职业教育学会传媒艺术专业委员会成立于2016年，是重庆市职业教育学会领导下的专业委员会。重庆市职业教育学会传媒艺术专业委员会秉持"互溶·共生"的发展理念，是以服务会员单位，搭建信息交流平台，引导和促进行业健康、协同发展，推动重庆市职业教育传媒艺术专业发展为目标的专业委员会。"重庆市职业院校传媒艺术作品联展"活动是重庆市职业教育学会传媒艺术专业委员会为推动传媒艺术职业教育向纵深发展，激励师生强化艺术创作意识，促进全市各职业院校传媒艺术类师生的良性互动，报经重庆市职业教育学会备案而设立的专业性评选活动。未来，重庆市职业教育学会传媒艺术专业委员会将联合重庆市文化委员会等单位共同设立"首届西部（高校）影像论坛"，打造西部地区首个专业影像论坛；设立"传媒艺术专业建设突出贡献奖"，调动传媒艺术人才的创新性；联合重庆大学出版社进行传媒艺术专业特色课程开发、教材汇编，促进传媒艺术专业区域特色的形成，培育具有地方特色的优势专业；强化校企合作，深化产教融合，持续推动传媒艺术专业发展。重庆市职业教育学会传媒艺术专业委员会热忱欢迎各相关院校、机构加入传媒艺术大家庭中来，共同为重庆市职业教育传媒艺术专业的发展添砖加瓦。

重庆市第二届职业院校"互溶·共生"传媒艺术作品联展颁奖典礼

刘晓东理事长做2017年年度工作总结　　颁奖典礼现场　　年会参观展览

年会合影　　　　　　　参观讲解　　　　　　　传媒专委会年会现场

会旗交接仪式　　　　　优秀组织单位　　　　重庆文化艺术职业学院文艺表演

颁奖典礼现场　　　职教学会常务副会长李光旭、　　参会领导、嘉宾合影
　　　　　　　　重庆工商职业学院副校长江涛
　　　　　　　　　为获优秀组织奖单位颁奖

二、重庆电子信息职业教育集团2018年年会

2018年12月20日重庆电子信息职业教育集团2018年年会在重庆电子工程职业学院博远厅顺利举行,集团41个常务理事单位、111个理事单位派出代表,共计300余人参加了本次年会。重庆电子工程职业学院党委书记孙卫平教授在开幕式上致欢迎词,集团理事长、重庆电子工程职业学院校长聂强教授作工作报告,重庆市教委高教处处长蒋后强作重要讲话。会议表决通过了职教集团新增的51个成员名单,集团理事长向各专委会主任颁发聘书。

年会第二阶段,由华为技术有限公司重庆办事处副总经理李华强主持,来自德国图林根州手工业协会的森多夫·德雷赛尔、长安汽车股份公司人力资源部副部长王武生、华为技术有限公司重庆教育业务负责人袁超、集团理事长聂强校长以德国职业教育模式在中国的实践,企业如何深度参与校企合作、产教融合,人工智能与大数据前沿科技,全价值链下的专业群建设机制模式创新与实践为主题,从不同角度阐述了当前我国经济发展的态势,特别是对企业发展与高职教育领域如何深入推进产教融合,以及校企合作改革发展做了精彩报告。

本次年会的召开为进一步贯彻党的十九大精神,突出发挥集团平台优势,群策群力,积极推进新时代职业教育创新发展贡献了智慧,推动了"产教融台"工作再上新台阶。

重庆电子信息职业教育集团2018年年会

《重庆电子信息职业教育集团关于召开2018年年会的通知》如下。

重庆电子信息职业教育集团文件

重电职教集团〔2018〕4 号

重庆电子信息职业教育集团关于召开 2018 年年会的通知

各理事单位、有关院校、企业及科研院所：

为深入贯彻党的十九大精神，全面落实《教育部关于深入推进职业教育集团化办学的意见》（教职成〔2015〕4 号），深化产教融合、校企合作，促进电子信息产业职教资源整合、优化与共享，积极探索政行校企合作培养人才新机制，提高职业教育质量，为重庆经济建设、行业发展和社会进步培养高素质人才，重庆电子信息职业教育集团决定于 2018 年 12 月 20 日在重庆电子工程职业学院召开重庆电子信息职业教育集团 2018 年年会。现就有关事项通知如下。

一、会议主题

产教融合、资源共享、优势互补、协同发展。

二、会议安排

日　期	会议事项及内容	地　点
12月19日	全天来宾报到 重庆市就近单位可在 20 日早上在重庆电子工程职业学院博远厅会场报到	圣荷酒店、重庆电子工程职业学院博远厅
	20:00 常务理事会召开预备会	圣荷酒店
12月20日 9:00—9:45	集团事务：重庆电子工程职业学院党委书记孙卫平教授致辞 重庆电子信息职教集团理事长聂强教授做 2018 年集团年度工作报告和 2019 年工作计划 表决通过职教集团新增成员 为集团专委会负责人颁发聘书 上级有关领导讲话	重庆电子工程职业学院博远厅
12月20日 9:45—10:10	合影	南门（梯坎处）
	茶歇	会场门口
12月20日 10:10—11:40	学术报告：德国专家：德国职业教育模式在中国的推广与实践 长安公司：企业深度参与校企合作的模式探索 华为公司：企业深度参与校企合作的模式探索 聂强教授：深化产教融合的高职行动	重庆电子工程职业学院博远厅
12月20日 11:40—13:30	午餐	南校区（三食堂）

三、参会人员

职教集团理事长、副理事长、常务理事单位代表及相关理事单位负责人。

四、会议组织

主办单位：重庆电子信息职业教育集团。
承办单位：重庆电子工程职业学院。

五、会议时间及地点

时　间	内　容	报到地点	会议地点
12月19日 20:00—21:00	预备会议	圣荷酒店	圣荷酒店
12月20日 9:00—12:00	正式会议	重庆电子工程职业学院博远厅门口	重庆电子工程职业学院博远厅

六、报名方式及费用

（一）会议采用网络报名方式，请登录重庆电子信息职业教育集团网 http://www.cqit.org/ 或扫描二维码实名报名。

（二）会议免收会务费，统一安排食宿，费用自理。

七、联系方式

集团秘书处：明　伟　1858055××××　023-6592××××
　　　　　　陈　涛　1331023××××　023-6592××××

重庆电子信息职业教育集团
2018年12月11日

重庆电子信息职业教育集团办公室　　　　2018年12月11日印

重庆电子信息职业教育集团 2018 年年会照片如下。

集团秘书长主持会议

重庆市教委高教处处长蒋后强讲话

长安汽车股份公司人力资源部副部长王武生作报告

专委会代表（职业培训与就业工作委员会副主任陈志军）发言

德国图林根州手工业协会的森多夫·德雷赛尔作报告

华为技术有限公司重庆办事处副总经理
李华强主持专家学术报告

来宾签到现场 1

来宾签到现场 2

来宾签到现场 3

理事长为新聘任专委会成员颁发聘书 1

理事长为新聘任专委会成员颁发聘书 2

理事长为新聘任专委会成员颁发聘书 3

理事长为新聘任专委会成员颁发聘书 4

3.2.2　集团理事长单位、副理事长单位及理事单位

集团理事长单位如表 3-2 所示。

表 3-2　集团理事长单位

理事长	理事长单位
聂强	重庆电子工程职业学院

集团副理事长单位如表 3-3 所示。

表 3-3　集团副理事长单位

序号	副理事长	副理事长单位
1	腾金生	重庆邮电大学
2	施金良	重庆科技学院
3	任树磊	法国亚眠大学
4	王建程	马来西亚博特拉大学
5	徐益	重庆工业职业技术学院
6	吴再生	重庆工程职业技术学院
7	王万刚	重庆城市管理职业学院
8	郑晓虹	重庆航天职业技术学院
9	敬代和	四川信息职业技术学院
10	朱毓高	重庆安全技术职业学院
11	刘鸿飞	重庆科创职业学院
12	凌成树	重庆应用技术职业学院
13	张扬群	重庆市渝北职教中心
14	彭华友	重庆市秀山县职教中心
15	梁宏	重庆市轻工业学校
16	董庭富	重庆市育才职业教育中心
17	周先华	巫溪职教中心
18	李华强	华为技术有限公司重庆代表处
19	赵世杰	北京华晟经世信息技术有限公司
20	孙未来	重庆京东方光电科技有限公司
21	王武生	重庆长安汽车股份有限公司
22	田贵华	富士康科技集团(重庆)有限公司
23	杨昌黎	重庆鸿捷通信科技发展有限公司
24	杨佳骏	重庆直通物流有限公司
25	黎华东	泸州老窖集团有限责任公司
26	杨雄	深圳普乐创投投资管理有限公司
27	文团	重庆威冠实业有限公司
28	彭子军	重庆骏马电子科技有限公司
29	周非	重庆若可网络安全测评技术有限公司
30	陈继	重庆海王星网络有限公司
31	席卫华	深圳宝德计算机系统有限公司

续表

序　号	副理事长	副理事长单位
32	胡　荣	重庆欧科建联科技有限公司
33	王全喜	蓝盾信息安全技术有限公司重庆分公司
34	张立三	东方中讯数字证书认证有限公司
35	雷　悦	重庆翰海睿智大数据科技有限公司
36	刘晓东	重庆职业教育学会传媒艺术专业委员会
37	王正勇	重庆电子信息技术职业教育指导委员会
38	武春岭	中国通信工业协会信息安全与云计算校企联盟
39	陶亚雄	重庆通信行业校企联盟
40	陈　良	重庆市物联网产业协会教育与培训专委会
41	谢光辉	重庆市工业机器人专业教学指导委员会

集团理事单位如表3-4所示。

表3-4　集团理事单位

序　号	单　位	序　号	单　位
1	重庆工商职业学院	23	重庆叠榭信息科技有限公司
2	重庆青年职业技术学院	24	重庆凯米腾科技有限公司
3	重庆机电职业技术学院	25	重庆世喆科技有限公司
4	重庆三峡职业学院	26	重庆朔悦科技有限公司
5	重庆工贸职业技术学院	27	重庆立固网兴网络有限公司
6	重庆能源职业学院	28	重庆满四山科技有限公司
7	重庆公共运输职业学院	29	重庆微标科技有限公司
8	重庆商务职院	30	重庆中集物流股份有限公司
9	重庆电讯职业学院	31	重庆百居电子商务有限公司
10	重庆电力高等专科学校	32	金电联行(重庆)信息技术有限公司
11	四川三河职业学院	33	重庆库嘉教育科技发展有限公司
12	重庆房地产职业学院	34	重庆欧法教育信息咨询服务有限公司
13	重庆市立信职教中心	35	重庆隆鑫通用动力股份有限公司
14	重庆市酉阳县职教中心	36	重庆远发耀翼企业管理咨询有限公司
15	重庆市教育管理学校	37	重庆长帆新能源汽车有限公司
16	重庆市龙门浩职业教育中心	38	北汽银翔汽车有限公司
17	重庆市黔江区民族职业教育中心	39	恒亦明(重庆)科技有限公司
18	巫溪文峰职业中学	40	聚物腾云物联网(上海)有限公司
19	重庆铜梁职教中心	41	重庆汇锦电子工程有限公司
20	重庆云凯科技有限公司	42	重庆卓鹏科技有限公司
21	重庆昂码信息科技有限公司	43	重庆宇凡光电科技有限公司
22	重庆城银科技有限公司	44	中电科技集团重庆声光电有限公司

续表

序号	单位	序号	单位
45	重庆君歌电子科技有限公司	59	北京天融信网络安全技术有限公司
46	重庆中科渝芯电子有限公司	60	重庆小企鹅科技有限公司
47	北京百科融创教学仪器设备有限公司	61	重庆晓维网络科技有限公司
48	重庆百立丰科技有限公司	62	重庆银拓信息技术有限责任公司
49	大唐移动通信设备有限公司	63	神州数码
50	广东华讯工程有限公司	64	泰国北标工业教育学院
51	重庆环联科技有限公司	65	泰国春武里技术学院
52	中国铁塔股份有限公司重庆分公司	66	泰国班派工业教育学院
53	重庆爱立信通讯有限公司	67	泰国洛坤技术学院
54	重庆永鹏网络科技有限公司	68	泰国蓝彭技术学院
55	重庆观度科技有限公司	69	泰国北榄技术学院
56	重庆仁宝机电成套设备有限公司	70	韩国东亚大学
57	珠海因尔科技有限公司	71	韩国启明大学
58	重庆敏特汽车零部件有限公司		

3.3 集团管理制度科学

3.3.1 集团制定的发展规划与区域经济发展高度吻合

一、集团发展规划指导思想

深入学习十九大精神和习总书记系列讲话精神,加强产教融合、校企合作,贯彻全国教育大会精神,贯彻落实《国务院办公厅关于深化产教融合的若干意见》《教育部关于深入推进职业教育集团化办学的意见》,充分发挥重庆电子信息职教集团在办学模式、治理结构、运行机制、服务技术、技能人才培养等方面的示范引领作用。职业教育集团服务发展方式转变、服务区域协调发展、服务促进就业创业、服务现代职业教育体系建设的能力得到全面加强。

二、集团发展规划的思路

坚持以服务发展为宗旨、促进就业为导向,以建设现代职业教育体系为引领,以提高技术技能人才培养质量为核心,以深化产教融合、校企合作,创新技术技能人才系统培养机制为重点,充分发挥政府推动和市场引导作用,本着加入自愿、退出自由、育人为本、依法办学的原则,鼓励国内外职业院校、行业、企业、科研院所和其他社会组织等各方面力量加入职业教育集团,探索多种形式的集团化办学模式,创新集团治理结构和运行机制,全面增强职业教育集团化办学的活力和服务能力。主要思路有:

1. 完善机制和集团治理结构

集团成员包括行业、企业、学校、科研院所和社会组织等多元主体。建立共同决策的组织结构和决策模式,完善机构运行、经费运行、考核情况、激励情况的制度建设,以及集团内部治理结构和决策机制,有利于促进集团成员的深度合作、紧密运行和协同发展。

2. 全力推进资源共建共享

资源整合能力反映集团资源的综合利用程度,是考查集团有效性的重要指标。有效整合集团内的职业教育资源,实现在人力资源、设备资源、资金资源、市场资源、技术资源和文化资源等方面的共建共享,促进职业院校、行业、企业和区域之间的资源共享、优势互补、共同发展。

3. 着力提升集团成员院校的人才培养质量

集团实行校企合作育人,共同促进教学内容及时反映产业发展需求、区域特点和时代特色。人才培养质量的重要成果主要包括:校企联合培养(如订单培养、委托培养、定向培养、现代学徒制试点等);集团内企业为学生提供充足的实习实训岗位;实现中高职人才培养衔接;注重紧缺人才培养;提升信息化技术应用与教学能力。

4. 全方位提升集团综合服务能力

集团服务国家、区域发展的战略为区域经济提供了强力人才支撑,包括面向企业员工开展岗前培训、岗位培训、继续教育,促进国内外企业和人才的交流与合作,服务本区域、本行业发展等,以城带乡、以强带弱,精准扶贫。

5. 深入推进产教融合、校企合作

发挥行业与企业在职业教育办学中的参与和主体作用,促进职业院校与行业、企业紧密联系,特别是在技术开发与合作;科研成果转化;职业技能鉴定;技术技能积累,对接产业发展、岗位变化的新工种开发和培育;校企文化有机融合;建设产学研一体化研发中心和共享型教学团队等方面取得了重要成果。

三、集团发展规划和发展目标

经过两年建设,将重庆电子信息职教集团建设成西南地区有影响力的职业教育集团;经过五年建设,使其成为国家级示范性职教集团。建立成员间资源信息共享的长效运行机制,集团成员参与集团化办学的积极性增强,集团的吸引力和国际、国内的影响力显著提升。具体目标主要有:

1. 完善集团工作机制,搭建校企合作交流平台

每年组织召开1次年会,每月召开一次秘书处工作例会,完善工作机制,围绕深化产教融合、校企合作育人的目标,认真制订年度工作计划并组织集团成员单位共同商议。成员单位积极参与集团建设,各项工作有序开展。建立成员单位评价机制和考核办法,利用网络平台跟踪并动态反映成员单位产学合作信息,建立成员单位参与集团工作考核评价机制,制定成员单位进入、退出标准,每年新增或调整成员单位10%。

畅通信息发布、报送和搜集渠道,完善网站内容,建设信息化平台,成员单位能通过信息化平台及时发布相关消息,实现信息共享。

搭建校企合作交流平台,搭建学生实习实训共享和学生顶岗实习的平台;按专业大类及时发布学生实习实训的时间、人数,解决合作企业的临时用工问题。

2. 加快公共服务资源建设,提升优质资源共享水平

推进集团共享课程资源建设,鼓励成员单位优质资源网络共享,提高资源利用效率;加快集团院校共享师资库的建设,做好企业兼职师资信息提供,进一步发挥兼职师资在成员单位共享的作用;加强成员单位技术服务项目的收集,组织团队为成员企业提供服务;推进信息资源与信息技术服务工作,进一步开放成员院校信息资源,为集团成员单位提供信息技术支持和公益培训,提高资源共享水平。

自主研发"共享实训基地公共资源整合及管理服务平台",建成在集团成员单位内可共享的课程(10门以上);集团共享师资库容量达到150人以上;建成3～5个技术服务团队,开发技术服务、技术培训等项目(均大于10个)。建立更加有效的资源共享机制,集团在人力资源、实训和生产设备设施、技术资源和文化资源等方面实现有效共享,促进成员学生实习实训、新员工招录、技术研发与服务、专业与课程建设、学校教师和企业技术骨干岗位任职交流。

3. 集团下设专委会协调配合,推进集团化办学特色发展

服务"一带一路"倡议,搭建国际化合作与交流平台。集团下设的国际合作专委会负责搭建的海外合作平台,将成员单位韩国启明大学、马来西亚博特拉大学和多媒体大学、法国亚眠大学、泰国春武里技术学院等高校的资源引入国内企业和学校,开展技术合作、教师互访、学生交换等。

集团下设的创新创业委员会每年牵头组织一次集团企业和学校广泛参与的创新创业和职业技能大赛,开展创业精英巡回进校园活动。

集团下设的职业培训与就业委员会负责搭建学校与企业合作开展新技术研发与服务、员工培训、学生定岗实习与就业的平台。

集团下设的贯通教育委员会负责协调成员学校开展中职、高职应用本科的学历贯通教育,并制定贯通教育的人才培养方案。按专业群组织企业和成员学校广泛参与编写人才培养标准,开发教材;2023年计划组织成员学校与华为公司联合开发与物联网技术相关的2门课程,与泰国学校合作开发国际课程2门,并在泰国的职业院校推广使用。

4. 持续推进合作育人与技术服务,彰显集团化办学成效

积极探索"对接产业、联合企业、服务行业"的产学合作模式,大力推进校企订单培养、联合培养新型模式,推行岗位实习与就业招聘对接,提高人才适用性,进一步提升技术技能人才培养质量;强化"3+2""五年一贯制"等中高职衔接教育,加强课程体系、教学内容、评价标准的建设,强化中高职有机衔接;积极开展中高职继续教育合作和校企继续教育合作,满足企业对员工技术能力和学历提升的需求;依托人社部门、集团成员院校等培训鉴定机构,广泛组织开展技术培训与技能鉴定;发挥集团成员院校人才科研优势,加强横向合作,针对行业企业技术需求,组织开展技术研发与应用等技术服务。以政校行企深度合作、产学研用立体推进,彰显区域职业教育集团化办学成效。

组建校企人才联合培养20个班次,培养学生1 000人以上;组织岗位实习与就业招聘对接活动10场;中高职衔接开办专业40个(学生数达2 000人以上);面向社会开展培训,人数不低于1万人次;校企联合申报各类教科研课题超过10项,获得授权专利超过20项。

5. 深入开展交流研究,指导集团化办学持续发展

加强与地方各级政府及产业主管部门、行业协会等的联系合作,积极争取产业部门的指导与支持,优化成员院校专业设置,提高专业与产业的匹配度;完善集团各专业群合作委员会/联盟组织架构,组建专业建设指导委员会、技术服务中心等基层组织;广泛开展"产教论坛、成员对话"等多种形式的对接活动。组织开展与产业主管部门等的"对口交流"2次，开展人才需求调研3次；开展专业建设专题研讨活动5次；各专业联盟、专业合作委员会"产教合作"等论坛不少于3场。

总结经验，提炼模式，加强集团化办学的报道，提升集团在重庆市内外的知名度和影响力；加强调研与对口交流，办好集团简报、集团网站，持续跟踪全国集团化办学动态；加强集团在重庆市电子信息行业职业教育集团化办学方面的研究，组织开展针对性项目研究，邀请各方面专家诊断咨询、指导集团建设与发展。配合重庆市职教集团办学制度建设研究课题，完成集团化办学相关制度建设和理论研究。

四、集团发展规划保障措施

重庆市教委发布的《关于公布2018年重庆市高等职业教育共享实训基地立项建设名单的通知》(渝教高发〔2018〕18号)确定了集团理事长单位重庆电子工程职业学院电子信息共享实训基地为2018年重庆市高等职业教育共享实训基地立项建设项目，该基地于2019年完成共享资源建设，建成开放性、公益性、服务性、示范性的电子信息共享实训基地，面向集团成员单位提供服务。

重庆市教委发布的《关于公布2018年重庆市高等职业教育双基地建设项目立项(培育)建设名单的通知》(渝教高发〔2018〕19号)公布了2018年重庆市高等职业教育(校企合作)双基地建设项目立项建设名单，集团理事长单位重庆电子工程职业学院名列其中。获批的三个双基地项目将建成兼具教学和生产双重功能、校企双主体深度合作培养培训技术技能人才的双基地，实现人才培养模式创新、双师培养和互聘、双证培训和融通，促进人才培养与企业需求无缝对接，提升技术技能人才培养能力，全面增强集团服务地方经济社会发展的能力。

重庆市教委发布的《关于公布2018年重庆市高等职业教育校企合作示范项目立项建设名单的通知》(渝教高发〔2018〕20号)确定了集团理事长单位重庆电子工程职业学院立项建设校企合作示范项目。破解校企合作体制机制障碍，实现引企参与人才培养、校企互动，以典型经验、示范案例形式，增强高职院校吸引合作企业多形式参与人才培养的积极性，助推重庆市产业提质增效和转型升级。

政府的上述主动作为，为集团化办学这一产教融合校企合作的载体提供了更多的经费支持和政策保障，重庆电子工程职业学院作为重庆电子信息职教集团理事长单位，一定勇担责任，先行先试，不断探索创新集团化办学的治理结构和运行模式。

学校已将职教集团建设纳入国家职业教育创新发展行动计划和重庆市优质校建设项目，并从组织、经费、场地、人员、机制等方面予以重点保障。

3.3.2 集团理事会工作例会制度健全、科学

为了解决集团理事会大会闭会期间的日常事务，规范集团理事会的工作，进一步健全工作制度，使理事会的决策更加科学化、民主化，让理事会更好地履行职责、发挥作用，根据《重庆电子信息职业教育集团章程》制定集团理事会工作例会制度。

一、理事会工作例会行使的职责

根据集团章程的有关规定，在理事会闭会期间，常务理事会行使理事会的职责，所以理

事会工作例会由常务理事会组织召开。其主要职责是：

（1）通报集团理事会及各专门委员会前一阶段的工作总结和计划落实情况，提出下一阶段的工作计划和落实措施；

（2）解决集团理事单位提出的问题。

二、理事会工作例会的准备

（1）秘书处的准备工作：秘书处应在咨询理事长后确定会议的时间、议程及具体内容，并作好相应的书面记录。在理事会工作例会召开的前两天，以书面和口头相结合的方式通知各理事会成员会议的时间、议程及主要内容。

（2）理事长的准备工作：拿到会议议程及相关内容后做好主持工作，以书面形式作好前段工作的全面总结，以便在会上提交。

（3）各理事会成员在接到通知后，根据会议的主要内容提出自己的意见和建议。因特殊情况不能参加会议者要在接到通知时告知秘书处。

三、理事会工作例会的具体制度

（1）例会时间：每年一次，如有特殊情况，可延长会期或召开临时例会。

（2）理事会工作例会成员的构成：理事会工作例会成员原则上由理事长、副理事长、常务理事、理事等构成，实际上由到会的全体成员构成。

（3）理事会工作例会的表决原则：实行1/2和2/3决策通过原则，即一般性决议由到会人数过半成员同意便通过，特殊性决议由到会人数超过2/3同意便通过。

（4）争议的解决：以书面形式提交给理事会大会。

（5）秘书处负责整理需要提交的各方面材料。

四、理事会工作例会的基本议程

（1）各专门委员会（联盟）前阶段工作和活动的总结及以后的工作和活动计划。

（2）理事长对前段工作做全面总结，并提出集团的工作和活动方案，评价各专门委员会的计划。

（3）根据加入申请，审议其理事单位资格；根据退出申请，审议其退出本理事会。

（4）审议理事会章程、发展规划、年度计划及发展规划修改方案。

（5）审议秘书处工作计划及工作总结。

（6）审议各合作项目进展情况。

（7）根据考核，评选理事会先进单位及先进个人名单，上交年度理事会。

（8）委员代表对理事会及各专门委员会在前阶段的工作和活动提出建议及意见，并对有关以后的工作计划及方案提出意见。

3.3.3　集团资源共享成本补偿制度科学

职教集团是一种新型的教育组织机构，经济效益是其生存与发展的条件，社会效益是其存在的基础。为了提高职教集团的管理效率和核心竞争力，节约成本，统一为职业教育提供所需要的资源，并对现有资源实行合理有效配置，避免资源的浪费，集团科学地制定了集团资源共享成本补偿制度。

第一章 总则

第一条 重庆电子信息产业职业教育集团（以下简称"职教集团"）以实施职业教育为出发点，所有行动要为职业教育发展服务。

第二条 职教集团具有统一的管理机构，承担内部成员管理职能，在遵循教育经济规律的前提下运作和发展，采取集团化管理模式找准有效连结点，凝聚内部成员的力量，实现资源共享。

第三条 建立基于校企共同发展的动力机制、基于互惠多赢的利益驱动机制、基于校企合作的保障机制、基于优势互补的共享机制，使校企合作由形式走向实质、由被动走向主动、由单向走向互动。

第二章 资源共享

第四条 资源共享是指职教集团成员单位进行人力资源、物力资源、财力资源、信息资源、文化资源等资源的优化配置并创造价值的活动。人力资源包括管理者、员工、学生，物力资源包括实习实训场所、教学仪器设备、图书资料等，财力资源包括政府拨款、集团成员单位对职业院校的赞助拨款以及成员单位共同承担的科研项目及技术服务项目的创收资金等，信息资源包括网站建设、更新维护、信息资源软件等，文化资源包括制度文化、物质文化、精神文化等。

开展校企合作，通过校企共建共享实训基地，共建人才资源库，共建专业和课程，共同开展技术研发、服务和推广，共享优质教学资源。

第五条 在职业教育集团中，以技术为校企合作的结合点，综合技术的研究、培训、推广和服务四个基本要素及其功能，融合集团内部相关技术资源，将其应用于学校师资队伍素质的提升、学生技能的培养以及课程体系的改革，同时把技术成果转化为企业生产力，提升企业的核心竞争力。

（1）根据行业、企业的需求，从事共性技术、关键技术和前瞻性技术的研究开发，加速提升企事业单位技术水平和整体竞争力。

（2）遵循公正、公平、公开的原则，采取多种方式向产业界推广研究成果和技术。

（3）落实职教集团内部的政策，开展集团内部技术的联合研发，扶持弱势成员技术水平的升级。

（4）为职教集团内部培养专业技术人才，促进集团内部人员素质的整体提升。

（5）开展技术培训。技术培训的主要功能是让培训对象掌握技术知识、开阔思路，主动为技术知识的运用寻找机会。

技术培训的对象有企事业单位人员、学校教职员工以及在校学生。企事业单位人员的技术培训主要为掌握应用型技术知识，包括对产品以及服务对象的了解、把握，做到更好地和服务对象进行专业化沟通。学校教职员工的技术培训主要为掌握前沿技术知识和传授知识做准备，掌握行业现行通用知识，为需要学习专业知识的对象提供服务。学生的技术培训主要为了解行业技术的发展，为就业或者创业打好基础。

（6）开展技术服务。技术服务是技术市场的主要经营方式和范围，是指拥有技术的一方为另一方解决某一特定技术问题所提供的各种服务。职教集团可以进行非常规性的计算、分析，以及提供技术信息、改进工艺流程、进行技术诊断等服务。

<h3 style="text-align:center">第三章 成本补偿</h3>

第六条 成本补偿是指职教集团成员单位根据各自收益多少对所支付的费用进行合理分担并实现弥补。成本补偿的适度、足额是确保企业经营或再生产的根本要求。

第七条 成本补偿的原则。坚持公平与效率相结合的原则，坚持分担与收益相结合的原则，坚持确实与透明度相结合的原则。

第八条 成本补偿制度实行的目的是增强集团成员的成本意识，提高大型设备的利用率，缓解资金压力。成本补偿制度包括成本分析、收入分配、成本补偿监督几个部分。

（1）成本分析是整个核算体系的基础，它由固定成本和变动成本两部分组成。这里的固定成本和变动成本概念与管理会计学上严格的成本习性分类是有区别的。固定成本是指其总额不随作业量发生变动的那部分成本，变动成本是指在项目完成过程中所发生的一切直接费用。年固定成本总额除以有效工作天数，就是日固定成本。项目使用该设施设备的时间乘以日固定成本，就是该项目应承担的固定成本。

成本项目应包括产品的研究开发等技术成本和人力资源成本。必须正确核算产品应负担的科技成本，真实地反映产品成本，使产品成本及时正确地得到补偿。

（2）收入分配是指设施设备获得的收益在各个主体间进行分配，将收入合理地分配给企业、学校、二级学院和项目组。企业和学校分配的部分主要用来补偿设备的固定成本，二级学院参与分配主要是因为它承担了管理责任，需要一定的经费进行管理协调，项目组需要承担变动成本部分，分配给它的份额要足以调动其使用设备的积极性，从而提高设备的经济效益，增强其自我补偿的能力。

（3）成本补偿监督。规范财务报表框架结构，准确地反映成本补偿情况。成本报表应按历史成本和补偿成本进行双重反映，从而使企业可以根据补偿成本进行成本预测和市场预测，以此作出正确的经营决策。待条件成熟以后，再以重置成本会计取代历史成本会计。加强对集团成本补偿处理的监督，促使经济行为进一步规范化。保证成本信息的真实性，避免成本补偿处理的随意性。

第九条 成本补偿计价。

（1）对于职教集团成员单位所耗费的固定资产和无形资产，其成本补偿按该资产的使用年限采取直线法提取折旧，再按成员单位取得的收益进行合理分担。

（2）对于职教集团成员单位耗费的货币资金应按实际支出发生额，再按成员单位取得的收益进行分担。

（3）对于职教集团成员单位聘请的教师进行指导培训等，按教师对应的职务标准支付酬金，再按成员单位取得的收益进行分担。

第十条 本制度自公布之日起施行。

3.3.4 集团理事会议事制度科学

为了有效提高理事会的工作效率，充分体现民主办会理念，科学引领职教集团健康发展,根据《重庆电子信息职业教育集团章程》的规定,集团科学合理地制定了集团理事会议事制度。

（1）理事会内部实行民主集中管理,任何理事均可以理事个人名义向常务理事会提出书面的意见和建议案,要求常务理事会讨论,形成决议案,并给予答复。

（2）常务理事会各位常务理事均可受理各位理事的各种提案,受理者负责向常务理事会提交提案报告。常务理事会形成决议案后,由秘书长代表常务理事会给提案理事以正式答复。

（3）对于应当经由理事会决议的重大问题的提案,则将常务理事会就该提案的决议,作为理事会的决议草案,由秘书长代表常务理事会提交理事会研讨审议。

（4）理事会研讨问题,各位理事应该就提案的问题,围绕常务理事会所提交的决议草案,各抒己见,畅所欲言,不留后话。避免各说各的,没有观点交锋,出现观点错位和无目标的漫谈。讨论时要坚决禁止当面不说,背后乱说,会上不说,会后乱说。

（5）各位理事不但自己要及时积极发表个人意见,更要同时关注其他理事对同一问题的意见,要善于倾听不同的声音,虚心接受他人的合理意见,及时吸收新内容,调整修正自己的认识,厘清新思路,形成自己完善的、明朗的新观点。

（6）理事会讨论问题,由秘书长及时归纳总结,逐步厘清思路,然后将已经形成的多数共识梳理清晰,拟出综合决议初稿,由理事会进行统一表决通过,形成最终有效的决议案。

（7）对于争议较大的问题,由秘书长及时归纳总结之后,每个理事都可以在已经达成的部分共识的基础上,围绕如何解决问题,再提出自己的新观点和主张,进行新一轮的研讨,直至形成多数人的最大程度的共识。然后,由秘书长拟出综合决议初稿,由理事会进行统一表决通过,形成最终有效的决议案。

（8）理事会讨论问题,对于已经形成的有效决议案,由秘书长及时形成书面材料,以理事会的名义对外正式发布。

（9）对于应由会员代表大会最终决定的问题,理事会应当就该提案形成一个决议,作为会员代表大会的决议草案,由秘书长代表理事会,提交会员代表大会审议,会员代表大会形成有效决议后,再由大会主席以会员代表大会的名义对外正式发布。

（10）已经合法程序发布的决议案,理事会成员应当按照理事会的职务分工和授权职责,及时将其发送给自己所直接管理的群体以及所在的社会组织。要广为宣传,积极落实,积极帮助解决执行中发现的新问题。同时,要注意收集反映情况,及时向秘书长反馈信息。

（11）按照《重庆电子信息职业教育集团章程》和本制度的规定形成的有效决议案,如果与某理事的个人意见不相一致,原则上,该理事应当保留自己的观点,严禁在不适当的场合散布与决议不符的个人意见。

（12）任何理事非经书面授权,不得以各种名义,在常务理事会、理事会、协会的名誉理事、干事及协会的其他会员中,擅自群发正在研究未经决议的,或者尚未经过合法程序正式公开发布的各种信息资料,避免引起受众思想混乱或者引发不必要的麻烦。

（13）理事大会每年举行一次;理事长会议每年召开两次,常务理事可列席参加。

3.3.5 集团财务管理办法公平高效

为加强重庆电子信息职业教育集团的财务管理,建立健全财务管理制度,保障集团的正常工作,规范集团的财务行为,保证会计信息的真实、完整,根据《中华人民共和国会计法》《民间非营利组织会计制度》《社会团体登记管理条例》及有关规定,结合《重庆电子信息职业教育集团章程》的规定,制定本制度。

<h2 style="text-align:center">第一章　收入管理</h2>

第一条 重庆电子信息职业教育集团收入的主要来源:
(1) 成员单位缴纳的管理费。
(2) 资助和捐赠。
(3) 利息。
(4) 组织活动及有偿服务收入。
(5) 其他合法收入。

第二条 按照《民间非营利组织会计制度》的有关规定,各项收入全部纳入单位统一核算、统一管理。

集团经费必须用于《重庆电子信息职业教育集团章程》规定的主要任务,集团发展所开展的各项活动,为成员单位服务,以及集团办公经费和聘用专职工作人员的工资、保险、福利等,聘用的专职工作人员的待遇按照国家相关规定,由常务理事会会议决定。

<h2 style="text-align:center">第二章　支出管理</h2>

第三条 重庆电子信息职业教育集团的支出是指按《重庆电子信息职业教育集团章程》的规定,履行行业管理与服务职能所发生的费用,包括各项管理费用、聘用人员工资、办公设备购置费用、修缮费用等。

第四条 支出审批原则:重庆电子信息职业教育集团对各项支出实行逐级审批、财务监督控制的办法。费用支出审批要严格执行国家或本单位财经政策、规定和开支范围及标准,坚持量入为出、勤俭节约的原则。

第五条 支出审批程序:重庆电子信息职业教育集团的各项支出应由经办人按财务规定格式及要求填写费用报销单,经秘书长审核,由理事长审批。

第六条 支出审批权限:理事长是重庆电子信息职业教育集团资金管理的第一责任人,对重庆电子信息职业教育集团资金的安全使用负责。

第七条 每年度应编制年度《财务预算》,执行部门应按计划开支,不能随意超支。重大支出须经常务理事会表决通过后,方能开支。日常支出由秘书长负责,并控制在理事会审定的《年度财务预算》的规定范围内。

第八条 重庆电子信息职业教育集团报销办公费、差旅费、会议费、接待费的要求如下:
(1) 购入办公用品时,要附有购物明细清单。
(2) 差旅费:①有关人员因公出差报销时由秘书长签字后,报经理事长签字批准,理事长出差时,要附上由常务副理事长签字批准的会议通知或办班通知;②其他事项出差,以书面形式说明出差的目的,按以上程序办理;③差旅费借款应在出差回来后十天内办理报销还款手续。
(3) 召开会议之前,先由经办人员提出申请做出会议预算,说明召开会议的内容、会议规格、参加会议的人数,报秘书长和理事长审核批准,报销时应附有会议消费清单。

（4）接待费支出时，应由经办人员提出申请，说明来访人单位名称、规格、人数，按规定标准执行。

第九条 重庆电子信息职业教育集团应建立固定资产、存货及办公用品出入库领用制度，统一采购，统一管理。大宗采购按规定走招标程序。

第十条 重庆电子信息职业教育集团已聘用人员工资的发放、员工按规定发放的各项补贴或津贴，由经办人员负责制表，秘书长审核后，报理事长审批。

第三章 资产及负债管理

第十一条 重庆电子信息职业教育集团的资产包括流动资产、固定资产、无形资产和对外投资。

第十二条 流动资产包括现金、银行存款、应收款、预付款、其他应收款和存货。应建立健全现金及各种存款的内部管理制度，及时清理各种借款，应当对存货进行定期或不定期的清查盘点，保证账、实相符。

第十三条 固定资产是指同时具有以下特征的有形资产：一是为行政管理、提供服务、生产商品或者出租目的而持有的；二是预计使用年限超过一年的；三是单位价值较高的。

第十四条 重庆电子信息职业教育集团应做好固定资产实物管理工作，建立固定资产台账。财务人员应做好固定资产价值管理工作，应定期或者不定期地对固定资产进行清查盘点。每年应当进行一次全面清查盘点。

第十五条 对外投资是指重庆电子信息职业教育集团利用货币资金、实物、无形资产等方式向其他单位的投资。重庆电子信息职业教育集团的所有投资应按照国家的有关规定进行办理。重庆电子信息职业教育集团的名称、标识、信誉、服务等无形资产应当有偿使用，重庆电子信息职业教育集团的对外投资不得影响正常工作的开展。

第十六条 重庆电子信息职业教育集团的负债包括借入款项、应付款项、暂存款项、应缴款项等。

第十七条 重庆电子信息职业教育集团应当对不同性质的负债分别进行管理，及时清理并按照规定办理结算，保证负债在规定期限内归还。

第四章 财务报告和财务分析

第十八条 财务报告是反映重庆电子信息职业教育集团一定时期财务状况和经营成果的总结性书面文件。协会财务人员年终应提交财务报告。

第十九条 重庆电子信息职业教育集团的经费收支情况，由协会秘书处每月向理事长、副理事长通报一次，每季度向常务理事会通报一次，每半年向理事会通报一次，每年度向会员大会通报一次。

第二十条 年度财务报告包括资产负债表、收支情况表、有关附表以及财务情况说明书。

第二十一条 财务情况说明书主要说明重庆电子信息职业教育集团收入及支出、结余及其分配、资产负债变动的情况，对目前或今后财务状况发生重大影响的事项，以及需要说明的其他事项。

第二十二条　财务分析的内容包括资产使用、支出状况等。财务分析的指标包括经费收缴率、人员支出与公用支出分别占总支出的比率、资产负债率等。

第五章　现金、银行支票、票据管理

第二十三条　重庆电子信息职业教育集团现金、银行支票的管理按照国务院《现金管理暂行条例》的规定执行。

第二十四条　现金收入必须开具发票或收据，并当日入账，当日送存银行。严禁贪污、挪用公款，严禁私设"小金库"、账外设账。

第二十五条　出纳收入的现金应专柜存放，不得与个人款项混杂，不得超过银行核定的现金库存限额，不得"坐支"现金或以"白条"抵库，出纳应做到日清月结。

第二十六条　不得将现金收入以个人储存方式存入银行，单位之间不得随意互借现金，不得利用账户替其他单位或个人套取现金。

第二十七条　现金支付必须符合国务院《现金管理暂行条例》规定的使用范围，不足转账金额起点的零星开支可使用现金支付，其余必须通过银行办理转账结算。

第二十八条　不得签发空头支票及空白支票，或远期支票，不得填写假用途，不得将支票交给销货单位代为签发，不得出租、出借银行账户。

第二十九条　签发银行支票的印鉴必须分人保管，严禁集中在一个人身上。

第三十条　实行钱账分管制度，非出纳人员不得兼管现金收付业务和现金保管业务；出纳人员不得兼管稽核、会计档案保管和收入、费用、债权、债务账目和登记工作。

第三十一条　必须做好现金和银行支票的保管工作。如发生现金被窃事件，必须及时报告领导和有关部门，同时分清责任进行处理；对盖好印鉴的空白支票丢失这种情况，要立即向银行挂失，并登报声明作废。

第三十二条　根据《中华人民共和国票据法》的有关规定，财务部门要建立健全票据的领取、开具、保管登记工作，不得将票据借作他用。

第六章　内部财务会计管理

第三十三条　重庆电子信息职业教育集团内部财务会计管理是指为了规范和加强内部财务会计工作，使内部财务会计工作的程序、方法、要求等制度化、规范化，而制定的内部管理措施。

第三十四条　内部财务会计管理制度包括内部会计管理体系、财务人员岗位责任制度、账务处理程序制度、会计档案管理制度、财产清查制度、财务收支审批制度、财务会计分析报告制度等。

第三十五条　财务人员岗位责任制度

（1）财务人员要坚持原则，廉洁奉公，严格执行国家财经政策、法规和行业主管部门制定的有关规定和办法。

（2）财务人员要熟悉业务知识，对重庆电子信息职业教育集团的财务收支进行客观、准确、及时的反映和控制，并进行分析，使财务工作合法、合规，经得起各种财务检查。

（3）财务人员应恪守职责，开拓进取，努力做好服务工作。

第三十六条 账务处理程序制度。

（1）按国家统一的会计制度规定，确定财务部门的会计科目、明细科目的设置和使用范围。

（2）根据财政部发布的《会计基础工作规范》和重庆电子信息职业教育集团会计核算的实际，确定会计凭证格式，进行凭证填制，规定审核要求。

（3）财务账簿实行计算机软件管理，总账、明细账、现金日记账、银行存款日记账由计算机录入；辅助账簿根据实际情况确定。

（4）根据国家统一会计制度的要求和重庆电子信息职业教育集团的实际情况，财务人员应编制以下会计报表：资产负债表、收入支出表、会计报表附。主要有支出明细表、专项资金收支情况表、经营支出明细表。

第三十七条 会计档案管理制度。按照财政部发布的《会计基础工作规范》对会计档案进行有效的管理。

第三十八条 财产清查制度。财务人员应定期对重庆电子信息职业教育集团现有资产进行清查，以保证账实相符。对财产清查中发现的问题，应及时上报。

第三十九条 财务收支审批制度。应严格财务收支的管理，建立健全财务收支审批制度。

第四十条 财务会计分析报告制度。财务应按季度向重庆电子信息职业教育集团财务主管领导报告季度财务收支情况；年终向理事会提供年度财务报告。

第四十一条 财务人员的职业道德。

（1）财务人员在工作中应当遵守职业道德，树立良好的职业品质，发扬严谨的工作作风，严守工作纪律，努力提高工作效率和工作质量。

（2）财务人员应当热爱本职工作，逐步提高自己的工作技能和满足知识不断更新发展的需要。

（3）财务人员应当熟悉财经法律、法规、规章和国家统一的会计制度，要学法、知法、执法、宣传法、守法、维护法。

（4）财务人员要按照会计法律、法规和国家统一会计制度规定的程序和要求进行会计工作，保证所提供的会计信息合法、真实、准确、及时、完整。

（5）财务人员办理会计事务应当实事求是、客观公正，办事要主动热情、耐心服务。

（6）财务人员应保守财务秘密，未经主管领导同意，不能向外提供或者泄露单位会计信息。

第七章　人员调动、离职的交接

第四十二条 为了规范会计人员的管理，确保会计人员变动岗位时，区分清楚岗位变动前后岗位责任人的责任，确保会计工作的前后衔接，防止账目不清、责任不清等混乱现象的发生，根据《中华人民共和国会计法》及财政部发布的《会计基础工作规范》的有关规定，会计人员调动工作、变动岗位或因故离职的，必须与接管人员办清交接手续，编制移交清册，否则，一律不得离岗。

第四十三条 会计人员离岗办理移交手续前，必须做好以下各项工作：

(1) 已经受理的经济业务尚未填制会计凭证的,应当填制完毕。
(2) 尚未登记的账目应当登记完毕,并在最后一笔余额后盖经办人员印章。
(3) 整理应该移交的各项资料,对未了事项要写出书面材料。
(4) 移交接内容要详细列明应该移交的会计凭证、会计账簿、会计报表、印章、现金、支票簿、发票、文件、其他会计资料和会计用品等内容。会计核算已实行电算化的,从事该项工作的移交人员还应当在移交清册中列明会计软件及密码、会计软件数据磁盘(磁带等)及有关资料实物等内容。

第四十四条 会计人员办理交接手续时,移交人员要按照移交清册逐项移交,接管人员要逐项核对点收,并注意以下几点:
(1) 库存现金必须与会计账簿记录保持一致,不一致时,移交人要在规定期限内负责查清处理。
(2) 会计凭证、账簿、报表和其他会计资料必须完整无缺,不得遗漏。如有短缺,要查明原因,并要在移交册中加以注明,由移交人负责。
(3) 银行存款账户余额要与银行对账单核对相符,如不一致,应当编制银行余额调节表调节相符。
(4) 财产物资和债权债务的明细账户余额要与总账有关账户余额核对相符。
(5) 接管的会计人员应继续使用移交的账簿,不得自行另立新账,以保持会计信息记录的连续性、完整性。
(6) 移交人员经管的票据、印章和其他实物等,必须交接清楚,移交人员从事会计电算化工作的,要对有关电子数据在微机上进行实际操作,以检查电子数据的运行和有关数字的情况,在实际操作状态下进行交接。

第四十五条 会计人员办理交接时,必须有专人负责监交。

第四十六条 交接工作结束后,交接双方和监交人员要在移交清册上签名或盖章,以明确责任。移交清册一式四份,交接双方、监交人各一份,财务部存档一份。

第四十七条 移交人员对移交的会计凭证、会计账簿、会计报表和其他有关资料的合法性、真实性、完整性承担法律责任,不能因为会计资料已经移交而推卸责任。

第八章 附则

第四十八条 本制度的解释权属重庆电子信息职业教育集团理事会。
第四十九条 本制度自颁布之日起施行。
第五十条 实行用计算机软件进行会计核算的科目,应当符合财政部的有关规定。

3.3.6 集团章程合理规范

为贯彻落实《国家中长期教育改革和发展规划纲要(2010—2020 年)》《教育部关于深入推进职业教育集团化办学的意见》(教职成〔2015〕4 号)的文件精神,满足《重庆市人民政府办公厅关于促进职业教育校企合作的通知》(渝府办发〔2015〕145 号)文件"推进职业教育集团化办学"的要求,促进电子信息产业职教资源整合、优化与共享,积极探索政行校企合作培养人才新机制,提高职业教育质量,为重庆经济建设、行业发展和社会进步培养高素质人才,特组建重庆电子信息职业教育集团，并制定本章程。

第一章 总 则

第一条 集团名称与性质

集团名称：重庆电子信息职业教育集团。

英文名称：Chongqing Electronic Information of Vocational Education Group。

集团总部设在重庆电子工程职业学院。

集团秘书处设在重庆电子工程职业学院国际交流与合作发展处。

集团性质：重庆电子信息职业教育集团是由重庆市教育委员会、重庆市发展改革委员会、重庆市财政局、重庆市经济和信息化委员会和有关行业协会等联合指导，由重庆电子工程职业学院牵头，由全国电子信息产业领军企业，电子信息类本科、高职、中职院校，行业协会，科研院所组成，具有联合性、非营利性等特性的在契约型独资、合资、合作等多元合作体制下运行的职业教育产教联合体。

第二条 组建原则和宗旨

组建原则：

1. 政府推动原则

集团的组建是在重庆市教育委员会的领导下，重庆市经济和信息化委员会、重庆市财政局等政府部门参与指导和推动，在工作推动中给予政策引导和业务指导。

2. 合法合规原则

职教集团的运行规则、教育教学、学生管理、职业培训、咨询服务、计划财务等必须符合法律和政策的规定。

3. 权、责、利对等原则

职教集团各成员具有平等的权、责、利，通过职教集团章程，分担责任，相互扶持，自我约束，发挥作用。

4. 互惠共赢原则

职教集团以职业人才培养使用为纽带，以服务共同发展为宗旨，通过市场机制，相互协调，实现互惠共赢。

5. 骨干带动原则

牵头单位发挥核心骨干、示范、辐射作用，带动成员单位履行职责，建立集团运行机制，保障集团运行效率。

集团宗旨：资源共享、优势互补、互惠互利、共同发展。

第二章 组成与管理

第三条 重庆电子信息职业教育集团的成员单位由全国电子信息产业行业领军企业，电子信息类本科、高职、中职院校，行业协会，科研院所等组成，各成员单位在集团内享有平等的权利和义务。

第四条 重庆电子工程职业学院是集团的牵头单位，负责集团秘书处工作，为集团的运行做好服务。

第五条 集团各成员原有属性和法人地位不变,通过理事会决策议事制度,形成政府主导、多方参与、共同建设、共同受益的管理运行平台和利益共享机制。

第六条 集团由指导委员会、常务理事会、理事会、秘书处和专业委员会构成,在重庆市教育委员会、重庆市经济和信息化委员会与行业协会的指导和监督下开展工作。集团实行常务理事会负责制。常务理事会是集团的最高决策机构,由理事长、副理事长、秘书长组成。理事会实行任期制,四年为一个任期,期满后由理事会重新选举。

第三章 工作目标与任务

第七条 集团的工作目标:集团坚持围绕重庆电子信息、汽车电子、智能机器人、电子商务、云计算、大数据等新兴产业的发展,秉着"市场驱动、创新机制"的原则,充分发挥市场在资源配置中的决定性作用,以共同利益为纽带,搭建资源共享、融合发展平台,创新校企互为依存、利益攸关、共同发展的新机制,探索新模式。

逐步建立适应重庆电子信息产业发展需要,符合现代职业教育本质特征的政校行企合作机制,形成较为完善的合作管理体系、监督考核机制、人才培养机制,实现专业设置与岗位需求、课程内容与职业标准、教学过程与生产过程、毕业证书与职业资格证书、职业教育与终身学习的有机对接,全面提升学校人才培养质量。

第八条 职教集团的工作任务

(1) 建立由政府部门、行业、企业、职业院校等多方参与的产教融合合作协调组织,形成"多方参与、共同建设、多元评价、共生互赢"的运行机制。

(2) 实现优势互补和资源共享。实现集团内各职业院校的优势互补和资源共享,建立职教集团网站,搭建信息交流平台,组织开展集团内各职业院校在专业设置、专业培养目标、课程改革、人才培养方案、质量考核评价等方面的交流活动,促进集团内各职业院校在师资、招生、就业、教学、科研、社会服务等方面的有效合作;实现集团内学校资源和企业资源的共享,建立新型的校企合作实训基地,开展以项目为纽带的校企合作机制,探索职业院校人才培养和企业人力资源运作的新模式,使职业院校毕业生就业需求和企业用人需求有效对接。

(3) 建立电子信息产业职业人才合作培养基地。开展电子信息行业职业人才需求调研,了解人才紧缺情况,指导职业院校围绕行业办专业,实现人才培养和使用对接,把集团建成电子信息职业人才的合作培养基地和电子信息产业职业技术技能型人才的"蓄水池"。

① 发布人才需求调研报告。职业院校、行业协会和科研院所合作开展人才需求调研工作,发布行业企业用人需求类型、层级和数量信息,指导办学主体按照需求确定招生专业,制订招生、培养计划。

② 联合开展招生、培养工作。根据企业用人需求,协同开展招生、培养工作,实行利益分享、风险共担机制,实现资源整合,优势互补。试行"招工与招生合二为一"的学校人才培养模式,提前为企业储备人才。

③ 运用自主招生机制定制紧缺人才。根据企业紧缺人才需求,职业院校运用自主招生政策,跨专业组建"企业冠名订单班",试行"现代学徒制"的校企双主体全程合作育人模

式,解决企业人才短缺问题,实现学生顺利就业。

④ 组建专业联盟。从电子信息行业发展需求出发,积聚职教资源,建设专业联盟,统一职业教育专业结构调整、新专业开发与建设,建成电子信息类专业品牌集群,在劳动部门、行业协会的指导下,联合研发职业技能标准,形成集团化办学的核心竞争力,在全国发挥示范引领作用。

⑤ 借鉴长安集团星级技师培训认证经验,探索建立在职员工"职业教育学分银行"。支持企业满足在职员工弹性学历教育的需求,试行"成人高等职业教育学分银行"改革,实现在职人员的学历教育和在职培训互认对接。

(4) 建立职业教育教师队伍融合机制。运用政府资助、学习培训、企业实践等平台,建设好专职专业教师、企业兼职教师"两支"队伍,通过校企互动机制实现队伍融合,建立"混编"教学团队。

① 试行"校企互动、岗位互换"。在集团内根据需要试行校企"一对一"岗位互换,学校教师从学科和专业优势出发,深入企业顶岗实践,企业选派业务骨干到学校任教,实行阶段性岗位身份互换。

② 推行企业兼职教师资助计划。通过建立"特岗计划"聘请行业专家和企业的管理、技术骨干和高技能人才到学校担任兼职教师,通过在职业院校建设"技能大师工作室",为其创造深度参与专业建设与人才培养的条件。

③ 依托国家级职教师资培训培养基地,建好职业院校教师培训基地平台。用好国家及重庆市师资基地建设政策和经费,探索师资培训基地与教师企业实践基地"双基地"合作培养"双师型"教师新模式。

(5) 建设职业教育社会服务平台。发挥集团资源整合力量,合作进行职业标准、人才培养标准研究,合作开展技术项目、发展战略研究,合作开展职业培训及新技术、新方法和产品的推广应用,建立用产学研互动机制,形成服务重庆电子信息产业发展的推动力。

① 建设用产学研合作中心。以项目为纽带,全面发挥智力资源优势,建立校企联合攻关制度,学校、企业、研究院所互动,为重庆电子信息产业发展提供人力和智力支持;以校企战略型合作为平台,共同申请科研立项,共建咨询服务中心和研究室,合作研究企业发展战略。

② 建立职业培训中心。发挥资源优势,共同建立培训中心,研发不同类型、不同层次的职业培训项目,开展"百千万"非学历岗位技能提升培训计划,开办多类型、多规格、多形式岗位培训班,降低企业内训成本,建设"企业点菜,学校配餐"的职业培训品牌。

③ 建立技术咨询服务中心。集结集团成员单位科研技术研发实力,成立"电子信息技术咨询服务中心",形成集团在重庆电子信息产业领域的技术咨询服务、规划研究实力,在行业企业改革和发展中发挥行业智库作用。

(6) 建设共享型实习实训基地。按照共建共享实训基地,建设"水平国际化、规模效益最大化、校企一体化"的合作模式,引进企业设备、人员、技术、岗位标准以及生产经营和服务项目,发挥学生实习实训、企业员工培训"双功能",实现"服务教学"和"服务企业"两个面向。

① 重点建设3~5个共享型实训基地。依托职业院校现有的实训基地,通过整合、合

作、重新改建等方式,重点建设3~5个装备先进一流,设备对接产业(行业)、技术对接企业、技能对接标准,管理水平较高,教学、培训、鉴定和生产(服务)等产、学、研、训一体化,满足教学和培训需求的职业教育实训基地。

②建设一批企业顶岗实习基地。整合职教集团的资源,用好国家有关合作企业接收职业院校学生顶岗实习的优惠政策,遴选一批学生企业实习基地,形成规模效应。

③推行实习实训、预就业一体化制度。落实"企业订单班"和"招工与招生合二为一"的人才培养要求,按照"导师制",聘请有经验的企业管理、技术人员作为实习导师,参与学生顶岗实习的辅导与管理工作,加强人才质量管理,保障合格毕业生顺利就业,降低企业用工成本。

(7)建立职教国际合作基地。满足中国特色世界城市建设要求和适应跨国公司全球产业转移新趋势,服务在渝跨国企业发展,为行业企业输送符合国际职业标准要求的技能人才,推进重庆职业教育国际化特色发展。

①引进国际先进职业标准。加强同国外高等院校和职业教育培训机构、行业协会的交流合作,引进一批国际知名的职业资格证书,或职业教育学历证书合作项目。

②建立人才培养培训合作项目。加强与在渝跨国公司、企业大学的合作,鼓励支持集团内职业院校与跨国公司校企合作建立人才培养、培训基地。

③实施境外访学计划。依托职业院校现有国际合作项目,开放共享资源,每年资助一定数量的优秀学生到境外大学或职业院校访学、实习和交流。

④建设国际化合作品牌。鼓励职业院校利用学校品牌、专业特色,开展境外合作办学和对发展中国家的职业教育培训,扩大境外职业学校教师和学生来渝访学、学习和交流的规模,建立国际职业教育交流合作平台。

⑤开展集团管理层境外培训项目。利用国家有关职教集团人才队伍建设的政策,组织一定规模的集团成员到境外考察和培训,开阔视野,提高集团管理运作能力。

(8)开展集团成员内部交流活动,定期举行集团化职业教育发展趋势论坛和有关专业建设交流会,开展行业交流活动。

(9)开展集团文化建设。

第四章 集团职责

第九条 集团理事会的职责

(1)制定集团发展规划、方针及目标,确定集团的工作计划;
(2)审议常务理事会年度工作报告;
(3)制定和修改章程;
(4)确定内设机构及专门委员会;
(5)选举和罢免理事会成员,决定集团成员的退出;
(6)制定集团规章制度;
(7)统筹集团内资源,协调各成员的关系;
(8)推动校企和校际合作,管理企业出资建设的项目;
(9)审议通过集团理事提出的议案;

(10) 审议和决定集团内其他重要事项。

第十条 集团理事会每年召开一次,需三分之二以上理事出席会议方为有效。理事会实行民主集中制,决议重大问题需经三分之二以上理事同意方为有效。如遇特殊情况,可由理事长提议,常务理事会讨论通过后召开临时理事会。在召开理事会期间,理事长因故不能出席时可委托一名副理事长主持会议。

第十一条 理事会选举理事长、副理事长、秘书长和副秘书长。理事长、副理事长、秘书长和副秘书长每届任期四年,可以连任。

第十二条 常务理事会的职责

常务理事会是理事会的执行机构,在理事会休会期间行使理事会权益。常务理事由理事会选举产生。常务理事会议每半年召开一次。理事长或三分之一常务理事提议可召开临时会议。常务理事的主要职责是:

(1) 执行理事会决议;

(2) 实施集团年度工作方案;

(3) 审核和接受新的成员单位;

(4) 决定理事会召开时间、地点和审议的主要内容;

(5) 在理事会闭会期间,决定集团有关重要事项。

第十三条 集团理事长全面主持集团工作,主要职责是:

(1) 主持召开集团理事会和常务理事会;

(2) 组织实施集团年度工作计划;

(3) 向集团理事会做年度工作报告;

(4) 主持集团的日常工作;

(5) 负责向集团指导委员会汇报工作。

第十四条 集团副理事长的职责是协助理事长做好有关工作,完成理事长交办的工作任务。

第十五条 集团秘书处是集团的专职服务机构,其职责是:

(1) 完成理事长、副理事长交办的日常工作;

(2) 为集团成员单位提供服务,定期举办成员间联谊活动;

(3) 创办集团网站并维护其正常运行;

(4) 收集、发布人才培养信息和人才供求信息;

(5) 负责集团的宣传和有关文档管理工作;

(6) 负责筹备理事会议和常务理事会议,起草会议文件,撰写工作报告;

(7) 负责集团的内外联络工作;

(8) 负责集团的财务管理工作。

第十六条 理事长、副理事长和秘书长、副秘书长应具备下列条件:

(1) 拥护党和国家的路线、方针、政策;

(2) 在职业教育界或企业界有较大影响;

(3) 身体健康;

(4) 未受过剥夺政治权利的刑事处分。

第十七条 集团一级委员会是集团开展工作的管理层,由大中型企业和部分骨干职业院校、中职学校和电子信息类本科院校、科研院所等组成,集团设立合作发展委员会,重点负责校企合作、社会服务、中高本衔接合作、国际化发展、创新创业、应用技术推广等方面的内外资源整合和对外合作工作;专业建设委员会主要负责成员单位之间的各细分专业在专业建设、人才培养、实习实训、教学科研等方面开展整体协调和统筹工作,政策研究委员会主要开展国家及重庆市相关产业政策研究,为集团成员提供发展政策咨询和服务。通过会商机制发挥作用和职能,为集团二级专业委员会有效运转提供保障。

第十八条 二级专业委员会是集团为更好地对接电子信息产业中的不同专业需求而设立的分支机构,是实施集团各项建设任务的主体。

第五章 权利义务

第十九条 集团由法人单位会员组成。凡承认《重庆电子信息职业教育集团章程》,愿意履行章程规定的义务,具备法人资格的电子信息类企业、本科院校或二级学院、中高职职业院校、科研院所、行业协会均可申请参加,经常务理事会讨论通过后成为集团成员。

第二十条 成员的权益和义务

(一)集团成员共同享有的权益

① 有选举权、被选举权和表决权;

② 参与集团的各种活动,对集团的工作有建议权和监督权;

③ 优先享用集团提供的资金、技术、信息、场地、设施等各种职业教育资源,优先选择、使用集团内培养的人才;

④ 享有集团规定范围内的投资决策和利益分配方面的权益;

⑤ 拥有对集团名称的使用权、保护权及命名决定权,有权使用"重庆电子信息职业教育集团"的统一标志,并可以集团的名义开展有关活动;

⑥ 加入自愿,退出自由;

⑦ 其他权益。

(二)集团成员共同享有的义务

① 遵守《重庆电子信息职业教育集团章程》及集团成员之间签订的各项协议合同;

② 执行集团理事会决议;

③ 向集团提供行业信息资料,反馈行业发展情况,通报相关工作进展,完成集团交办的工作任务;

④ 维护集团的合法权益,为集团开展活动提供必要的支持;

⑤ 其他义务。

第二十一条 成员单位的权益和义务

(一)企业成员的权益和义务

1. 权利

① 优先与成员院校签订人才需求订单;

② 优先选择成员院校的优秀毕业生;

③ 优先获得成员院校研发的科技成果;

④ 根据需要优先使用职业院校教育政策和资源开展员工继续教育培训;

⑤ 根据企业人才培养的需要,指导院校办学,参与院校的专业调整、课程设置、学生能力培养等教学工作和招生、就业指导工作;

⑥ 在集团内合作开展职业技能鉴定服务、职业培训,以及行业技术推广转化等有偿服务;

⑦ 有权使用"重庆电子信息职业教育集团"的统一标志和品牌,经理事会审核后可以集团的名义开展有关活动;

⑧ 享受行政部门给予集团的优惠政策。

2. 义务

① 提供成员院校办学(如专业调整、人才培养规格等)方面的信息;

② 尽可能为成员院校的学生实习、教师实践和科研提供便利;

③ 及时向成员院校反馈用人单位对其毕业生的需求信息,提供人才需求计划和人才培养规格要求,参与就业指导;

④ 选派高水平技术人员担任院校的外聘教师,指导学生技能培训,传播企业文化;

⑤ 积极宣传、共同维护和提升集团整体形象。

(二) 院校成员的权益和义务

1. 权益

① 优先获得成员企业的人才供求信息和培养要求,并用于确定招生专业,制定人才培养方案;

② 优先向成员企业选派实习生;

③ 优先向成员企业输送合格毕业生;

④ 优先接收集团成员的捐赠,不断改善办学条件;

⑤ 优先接收成员企业向院校派遣的高级工程师、高级技师到院校任教,按照规定支付相应报酬;

⑥ 同类同层次的院校可以互认学分,不同层次院校之间可以联合培养学生;

⑦ 有权使用"重庆电子信息职业教育集团"的统一标志,经理事会审核后可以集团的名义开展有关活动;

⑧ 享受行政部门给予集团的优惠政策。

2. 义务

① 根据成员企业用人需求类型、层级和数量,协同开展招生、人才培养工作;

② 根据成员企业的要求,为企业培养具有全面综合素质和较高职业能力的合格毕业生,以及提供多样化的教育服务;

③ 优先向成员企业开放培训基地、教学设施、师资等资源,为企业培训提供人力、智力和教育政策支持;

④ 建立人才供求信息平台,按照成员企业的要求培养和选送优秀毕业生;

⑤ 向理事会和成员单位提供招生、教学、管理、就业等信息,实现资源共享;

⑥ 根据集团成员的要求,提供业务咨询、技术服务、员工培训服务及科研成果转让;

⑦ 积极宣传、共同维护和提升集团整体形象。

第二十二条 行业协会的权益和义务

（一）权益

① 优先获得企业、学校的支持，形成良性互动机制；

② 有偿向成员单位转让科研成果或提供有偿咨询、中介服务。

（二）义务

① 发挥信息交流平台的作用，实现信息资源共享；

② 为集团办学提供理论指导、咨询分析，为决策提供依据；

③ 为企业提供人才供需信息，为院校提供就业信息；

④ 通过合法途径为成员单位争取政策支持。

第二十三条 集团成员要求退出集团时，应提前三个月向集团理事会提出书面申请，经集团理事会批准后即可退团。

第二十四条 集团成员如违反本章程，损害集团声誉和利益，情节严重且劝告无效，由集团理事会表决通过后责令其退团或予以除名。

第六章 资产/财务管理及使用原则

第二十五条 集团的经费来源

（1）政府项目资助；

（2）在核准的业务范围内开展活动或服务的收益；

（3）有关单位及社会的捐助；

（4）集团成员单位提供的赞助和支持；

（5）其他合法收入。

第二十六条 集团要配备具有专业资格的会计人员，建立规范的财务管理制度，保证会计资料合法、真实、准确、完整。

第二十七条 集团经费和资产必须用于本章程规定的业务范围和事业发展，不在成员单位中分配。集团经费由理事长单位代管，设立专门账户，实行理事长签字审批制度，每年度向理事会及其常务理事会报告财务状况。集团资产任何单位和个人不得私自侵占或挪用。

第二十八条 集团换届或变更理事长时，须接受理事会业务主管单位的财务审计。

第七章 章程的修改程序

第二十九条 本章程如需修改，须经常务理事会讨论同意后报理事会，表决同意后生效。

第八章 终止后的财产处理

第三十条 集团如果完成使命需要解散或由于其他原因需要终止活动，由常务理事会提出终止动议，经理事会审议表决通过，并报上级批准单位审查同意。

第三十一条 集团终止前，须在主管部门的指导下成立清算组，处理善后事宜。

第三十二条 集团终止后的剩余财产，须在有关部门的监督下进行清理并按照国家有关规定,用于发展电子信息职教事业。

第九章 附 则

第三十三条 本章程经理事会表决通过后生效,同时报上级主管部门备案。
第三十四条 本章程的解释权属集团常务理事会。
第三十五条 本章程其他未尽事宜由集团常务理事会决定。

3.3.7 集团主要职能及秘书处工作职责壁垒分明

一、集团总体职能

集团负责秘书处日常工作,以及与政府有关主管部门、行业协会的联系和沟通;负责推进学校与企事业单位和地方政府之间的合作;负责校企、校地和国际合作项目的推进与合作协议的草拟和审核;推动示范性职教集团的建设,在集团化办学框架下,探索混合所有制二级学院办学新模式的改革。

二、集团主要职责

秘书处是重庆电子信息职业教育集团的常设机构,具体负责处理集团的日常事务,办公地点设在重庆电子工程职业学院国际交流与合作发展处。其主要职责是:
(1) 完成理事长、副理事长交办的日常工作;
(2) 为集团成员单位提供服务,定期举办成员间联谊活动;
(3) 创办集团网站并维护其正常运行;
(4) 收集、发布人才培养信息和人才供求信息;
(5) 负责集团的宣传和有关文档管理工作;
(6) 负责筹备理事会议和常务理事会议,起草会议文件,撰写工作报告;
(7) 负责集团的内外联络工作;
(8) 负责集团的财务管理工作;
(9) 负责完成理事长、常务副理事长、副理事长交办的日常工作。

三、集团具体职责

(一) 校企合作办公室的工作职责
(1) 推送成员学校和成员企业的合作供需信息,促进集团成员校企之间双元、多元合作;
(2) 汇聚成员学校和成员企业的优势特色资源,促成集团成员校企重大项目合作;
(3) 探索集团校企合作模式,推进产学研协同创新、协同育人;
(4) 组织集团成员校企交流活动,总结推荐好的做法和经验;
(5) 起草集团校企合作工作制度,促进校企合作工作健康发展;
(6) 负责集团校企合作信息的收集、统计和总结,建立校企合作档案。

（二）校校合作办公室的工作职责

（1）促进成员院校全方位的交流与合作，建立深层次的战略合作伙伴关系；

（2）组建成员院校专业联盟，形成专业共建、资源共享机制；

（3）争取政策支持，推进成员院校中高职衔接、高职专本衔接的人才系统培养体系建设；

（4）搭建校际成人教育合作平台，拓展成员院校学生学历提升渠道；

（5）联合开展技术服务和社会培训，联合申报重大教研科研课题；

（6）起草集团校校合作工作制度，促进校校合作工作健康发展；

（7）负责集团校校合作信息的收集、统计和总结，建立校校合作档案。

（三）校政、校地合作办公室的工作职责

（1）加强与各级政府、行业指导委员会和行业协会的联系和沟通，开发集团校政、校地合作项目；

（2）开办政府各部委局办系统的工作业务培训班，学习新政策、新文件和新时期产教融合新内容；

（3）逐步建立与地方政府联办的技能培训网络，为区域性技能培训就业提供服务；

（4）起草集团校政、校地合作工作制度，促进校政、校地合作工作健康发展；

（5）负责集团校政、校地合作信息的收集、统计和总结，建立校政、校地合作档案。

（四）信息化建设办公室的工作职责

（1）实施数字化战略，推进集团数字化建设；

（2）建设、维护集团网站，确保网站正常运行；

（3）建设数字化展厅，搭建集团成员单位、合作成果展示平台；

（4）推送成员单位产学研合作供需信息，搭建合作信息推送平台；

（5）建设网上人力资源中心，搭建集团人才服务和共享平台；

（6）汇集成员院校优质数字化教学资源，搭建校际教学资源共享平台；

（7）搭建区域性学习与培训网络资源平台；

（8）制定集团信息化建设工作制度，促进集团信息化工作健康发展；

（9）负责集团信息化建设的信息收集、统计和总结，建立集团信息化建设档案。

3.3.8 集团协议书公平公正

《重庆电子信息职业教育集团协议书》如下。

> 为贯彻落实《国家中长期教育改革和发展规划纲要（2010—2020年）》《教育部关于深入推进职业教育集团化办学的意见》（教职成〔2015〕4号）的文件精神，满足《高等职业教育创新发展行动计划（2015—2018年）》的要求，促进电子信息产业职教资源整合、优化与共享，积极探索政行校企合作培养人才新机制，提高职业教育质量，为重庆经济建设、行业发展和社会进步培养高素质人才，由重庆电子工程职业学院牵头成立了重庆电子信息职业教育集团。
>
> 依据《重庆电子信息职业教育集团章程》（以下简称《章程》），成员单位之间的有关权利和义务如下。

一、集团成员单位享有的权利
（一）学校成员单位享有的权利
(1) 享有获得"重庆电子信息职业教育集团教学基地"称号的权利；
(2) 可了解成员企业人才需求信息和培养要求；
(3) 可根据成员企业的实际接纳能力派遣实习生；
(4) 可根据成员企业的实际用人需求，成员企业享有优先向其输入合格毕业生的权利；
(5) 享有优先聘请行业专家、优秀管理者担任学校发展专家委员、专业指导委员、兼职教授的权利；
(6) 享有到成员行业协(学)会、成员企业调研考察的权利；
(7) 享有参与集团重大问题的讨论、研究、决策和参加集团组织的活动的权利；
(8) 可以享有合作培养、延伸办学的权利。同类同层次的学校可以实行学分互认，可以统一培养目标、培养方案，统一质量考核标准，统一发放各类证书；不同层次学校之间可以联合培养学生；
(9) 可优先使用集团成员单位提供的实习、实训基地；
(10) 可以共享集团内的就业信息，有权参加由集团组织举办的毕业生就业浅谈会；
(11) 有权使用集团的统一标志和品牌，并可以集团的名义开展有关活动；享受行政部门给予集团的优惠政策；
(12) 按照互惠互利、共同发展的精神，享受其他的合法的正当权益。
（二）企业成员单位享有的权利
(1) 享有"重庆电子信息职业教育集团实训基地"的称号；
(2) 享有参与集团重大问题讨论、研究的权利；
(3) 定期获得集团开展活动的信息，可以根据集团运作的实际情况，提出指导性建议或意见；
(4) 可以优先获得由集团成员单位提供的服务、人力资源信息和技术及科研成果的转让权；
(5) 享有与集团成员单位合作进行科研活动的权利；
(6) 企业可优先到学校挑选毕业生，并签署人才需求订单；
(7) 享有利用集团资源培训企业员工或以多种方式联合办学的权利；
(8) 经常务理事会审核后有权使用"重庆电子信息职业教育集团"的统一标志和品牌，并可以集团的名义开展有关活动，享受行政部门给予集团的优惠政策；
(9) 按照互惠互利、共同发展的精神，享受其他的合法的正当权益。
二、集团成员单位承担的义务
（一）学校成员单位承担的义务
(1) 遵守《章程》，执行集团有关决策，并向集团通报有关情况；
(2) 积极协助集团成员开展招生、培养、实习、就业、交流等各项活动；
(3) 宣传集团成员招生、培养、就业等优势，共同维护和提升集团整体形象；
(4) 实施"订单式"人才培养，为集团企业成员提供优质毕业生；

（5）与企业进行联合技术攻关或将科研成果转化到企业形成商品；

（6）应集团理事的要求，提供技术咨询、技术服务、员工培训服务；

（7）共同研讨人才培养方案。

（二）企业成员单位承担的义务

（1）遵守《章程》，执行集团有关决议，并向集团通报有关情况；

（2）争取社会各界人士对集团建设发展的关心和支持，以此帮助集团等集资金、开展国内与国际交流与合作；

（3）根据与集团达成的有关协议，在企业生产允许的情况下，尽可能多地为集团成员单位的学生提供实习实训基地，给学生创业提供优惠条件，同时给集团成员单位教师提供顶岗实践锻炼的便利条件；

（4）积极为集团专业建设与发展提供咨询服务，并参与策划，为集团提供最新的企业管理与企业文化等方面的信息；

（5）共同研讨人才培养方案，对集团学校成员的专业、课程设置、学生实训能力培养等提出建设性意见；

（6）及时反馈用人单位对集团成员学校毕业生的使用信息，并指导学校进行改进和提高；

（7）向学校推荐教学所需聘请的专业人员和指导老师；

（8）积极宣传、共同维护和提升集团整体形象。

本协议一式两份，成员单位＿＿＿＿＿＿＿＿＿＿执一份，重庆电子信息职业教育集团秘书处执一份。

本协议自签订之日起生效。

本协议未尽事宜，根据《重庆电子信息职业教育集团章程》协商确定。

重庆电子信息职业教育集团（盖章）：　　　　成员单位：（盖章）

法定代表人（或代表）：　　　　　　　　　　法定代表人（或代表）：

　　年　　月　　日　　　　　　　　　　　　　年　　月　　日

重庆电子信息职业教育集团成员单位登记（申请）表

单位名称				
单位地址				
单位网址				
单位性质或主营业务				
法人代表		职务		联系电话

联络员		职务		联系电话	
电子邮箱					

本单位经研究决定,自愿加入重庆电子信息职业教育集团,遵守《重庆电子信息职业教育集团章程》并履行成员单位相关义务。

特此申请。

法定代表人(或授权代表)签字:

申请单位(盖章)

年　月　日

第4章 产教融合协同育人取得显著成效

职业教育集团化办学是深化产教融合、校企合作的重要载体。深化产教融合,促进教育链、人才链与产业链、创新链有机衔接,是当前推进人力资源供给侧结构性改革的迫切要求。坚持产教融合、校企合作,是深化职业教育体制机制改革的重要举措,是创新各类型职业教育模式的必由之路。重庆电子信息职业教育集团贯彻党的十九大精神,突出发挥集团平台优势,群策群力,积极推进新时代职业教育创新发展,在合作共建、产需对接、资源共享、责任共担、互利共赢方面取得显著成效,不仅具体落实了十九大"产教融合校企合作"的指导精神,还将"产教融合校企合作"的深化推上新台阶。截止到目前,集团先后与华为、长安汽车、京东方、京东、阿里巴巴等成员(或拟加入集团)企业共建11个产业学院、5个技能大师工作室、55个生产性实训基地、8个协同创新中心、3个省部级高职教育双基地建设项目、2个省部级校企示范建设项目。政校企联合组建"名师工作室",开展培训课程开发和社会服务工作。利用学校众创空间,牵头组织集团成员通过"企业+创业团"模式,引导开展学生创业孵化园,企业出资源、导师、市场、项目,结合学生实际和实力,创建"校企工作室",逐步发展成"行业学院",共育"双创"人才。

4.1 合作共建产业学院,培养大批精英人才

集团理事长单位先后与长安汽车合作共建"长安汽车大学智能制造工程学院",与华为、泰克教育共建"重电-华为ICT学院",与北京新大陆时代教育科技有限公司共建"重电-新大陆物联网学院",与启明星辰共建"启明星辰网络空间安全学院",与海尔集团共建"重电-海尔智能电子学院",与新迈尔(北京)科技有限公司共建"中关村数字媒体学院",与上海曼恒数字技术股份有限公司共建"重电-曼恒数字产业学院"。

4.1.1 合作共建长安汽车大学智能制造工程学院

工匠精神传递,集团与长安汽车合作共建长安汽车大学智能制造工程学院,于2018年6月28日正式成立。长安汽车大学智能制造工程学院成立仪式在集团牵头单位——重庆电子工程职业学院隆重举办,来自重庆市教委、重庆市科委、重庆市人社局、重庆电子工程职业学院、长安汽车等单位的嘉宾,以及大国工匠代表、学生代表等参与并见证了长安汽车大学这一创新举措。

一、发挥产教融合示范作用,发扬工匠精神

为贯彻落实党的十九大报告精神和满足全面深化改革的要求,长安汽车大学智能制造

工程学院应运而生。该学院是由重庆电子工程职业学院与长安汽车共同建设的,实行"双主体领导下的院长负责制"这一现代学院治理模式,并且建立了配套的学院组织结构。

长安汽车大学智能制造工程学院成立仪式

长安汽车大学智能制造工程学院的定位为:汽车检测与维修技术、汽车技术服务与营销专业方向联合招生办学;融合长安汽车旗下全系产品售后维修技术培训和新品上市技术培训;电子技师学院对汽车类专业进行非学历教育招生,并进行培训培养,开展汽车技术行业技术服务和认证;整合校企资源开展国培市培汽车、机械大类技术培训;推荐长安汽车大学智能制造工程学院学生优先在长安汽车实习和就业等。

学校及企业专家助力揭牌活动

智能制造与汽车学院院长张进春,重庆电子工程职业学院国家级技能大师杨宪福,长安汽车技能大师李虎、唐跃辉、张传华等亲临现场,为揭牌仪式助力,并在学院成立后,传递敬业、精益、专注、创新的工匠精神,为学院发展不遗余力地贡献力量,同时推动联合办校办学的进程,在行业中发挥产教融合示范作用。

二、培育高技能人才,推动智能制造升级

人才是创新的根基,是创新的核心要素。长安汽车大学智能制造工程学院以培育卓越人才为目标,围绕人才培养、技术创新、就业创业、社会服务,推进"全价值链校企联盟下的333人才培养"模式,开发基于工作过程的课程体系,建设基于项目化教学的实训基地,利用信息化手段改进教学过程,打造全过程、全员参与的育人环境。

长安汽车大学智能制造工程学院实训基地学员实战

长安汽车大学智能制造工程学院大师指引学生实战

除进一步丰富了长安汽车大学体系外,学院的创办也是长安汽车第三次创新创业之路上的重要成果之一。第三次创新创业计划提出了"1143"的战略架构,其中"三大创新"中提到,要进行管理创新,核心是激励创新,激发员工内动力,提升效率。无疑,长安汽车大学智能制造学院将为长安汽车建立高技能人蓄水池,推动智能制造升级,实现新的产业增长极。长安汽车将投入充足的专业师资、技术和管理人员、品牌技术资源、教学设备、实习和就业资

源等相关配套资源,为长安汽车大学智能制造工程学院的发展形成合力。

长安汽车大学智能制造工程学院师生合影

此外,智能制造工程学院还通过开展售后维修服务技能认证培训,提升长安汽车售后维修技术服务水平,提升客户满意度,提升长安汽车品牌形象;同时面向社会开展职业技能教育及培训,传播长安汽车品牌,创新增收。

长安汽车大学智能制造工程学院

长安汽车大学智能制造工程学院的成立将为长安汽车第三次创新创业提供充沛的人才驱动力,为智能化与新能源领域提供更加精进的创新基因,助推长安汽车向世界一流企业迈进。

4.1.2 合作共建重电-华为ICT学院

重庆电子工程职业学院、华为、泰克教育于2018年11月9日联合共建了重电-华为ICT学院。来自全球各地的25 000余人汇聚上海国际会展中心,华为全联接大会(HUAWEI CONNECT)隆重开幕。与此同时,国内一流高职院校和世界领先企业的校企深度合作进入深水区。

一、获优秀华为信息与网络技术学院奖

重庆电子工程职业学院于2018年3月22日荣获了优秀华为信息与网络技术学院奖。重庆电子信息职业教育集团与华为牵手合作,开设华为工程师订单班,有针对性地为华为培养技术技能型人才。在合作过程中,双方多次研讨交流,共同制定培养方案,共同设计课程体系,在教学过程中植入华为技术资源,积极开展华为技术的培训、认证。几年来,重庆电子信息职业教育集团为华为培养了400余名华为技术人才。目前,毕业生已遍布全国,成为华为ICT领域的生力军。

重庆电子工程职业学院荣获优秀华为信息与网络技术学院奖

近年来,华为与全国多所高等院校联合培养人才。优秀华为信息与网络技术学院奖是华为公司表彰与华为进行校企合作的高等院校在推动ICT领域技术的发展和传播、为社会培养ICT领域的人才等方面取得的突出成绩。此次上海交通大学、北京理工大学、湖南大

学 3 所本科院校获优秀华为信息与网络技术学院创新中心奖,深圳职业技术学院、重庆电子工程职业学院、淮安信息职业技术学院、济源职业技术学院等 7 所高职院校荣获优秀华为信息与网络技术学院奖。

二、再获优秀华为 ICT 学院奖

2019 年 3 月 21 日,集团与华为公司合作共建的重电-华为 ICT 学院,继优秀华为信息与网络技术学院奖之后,再获优秀华为 ICT 学院奖。依据华为口径统计,重庆电子工程职业学院电子与通信学院 2021 年完成华为认证量共计 748,排名全国第三。集团与华为公司建立了全面深入的合作,成立了重电-华为信息与网络技术学院、重电-华为 ICT 应用型人才培养基地,以共同培养 ICT 领域高素质技术人才。集团联合华为建立了"华为 ICT 产业链校企联盟",实现了毕业生一站式就业,毕业生深受用人单位好评,2018 年毕业生就业率为 100%,专业对口率达 86%,部分毕业生已成为企业的骨干员工和技术能手。

重电-华为 ICT 产业链校企联盟协同育人基地

重庆电子信息职业教育集团和华为公司为满足 ICT 行业人才需求,以华为生态大学为平台,联合超过 300 家高校共同打造了国内首个 ICT 行业的全周期人才供应链,并基于此制定了在未来两年内规模培养 AI 人才的"创智计划",为生态"造血",通过"华为 ICT 学院"校企合作项目,建立了 ICT 应用型人才培养基地。

2019 年优秀华为 ICT 学院名单:重庆电子工程职业学院、广东机电职业技术学院、上海电子信息职业技术学院、东莞理工学院、深圳职业技术学院、贵州电子科技职业学院、深圳信息职业技术学院、云南工商学院、无锡职业技术学院、集美大学诚毅学院、北京理工大学珠海学院、浙江树人学院。

重电-华为 ICT 校企联盟研讨会

(a)　　　　　　　　　　　(b)

合作共建优秀华为 ICT 学院

三、荣获卓越华为 ICT 学院奖

2012 年 5 月 18 日，重庆电子工程职业学院在"华为中国生态大会 2021"上荣获了卓越华为 ICT 学院奖。卓越华为 ICT 学院奖是华为首次提出并授予华为 ICT 学院的最高奖

项,全国仅有四所院校获得此项殊荣,分别是重庆电子工程职业学院、深圳职业技术学院、黄河水利职业技术学院、湖南工业职业技术学院。

重电-华为ICT学院于2018年10月正式签约成立,经过几年的精心建设,为构建华为ICT人才生态、技术服务创新作出了卓越的贡献。

根据华为对产业链上4 000多家企业调研的结果,重庆电子工程职业学院和华为的课程架构师一起,创新性地构建了ICT复合型人才培养课程体系,涵盖IP、IT、CT全领域技术,被国内近30所高校采纳借鉴;同时,结合华为5G技术的特点和华为对5G人才的要求,共同制定了紧缺5G人才培养课程体系,包含从工程建设到接入网、从承载网到核心网以及应用层的相关内容。截至目前,累计超过4 000余人次获得华为各类认证,通过率为97.3%,其中HCIE专家级认证达到46人次,学生斩获华为ICT比赛全球一、二、三等奖各1项。

合作共建卓越华为ICT学院

4.1.3 合作共建重电-新大陆物联网学院

集团携手北京新大陆时代教育科技有限公司(以下简称"新大陆公司"),合作共建重电-新大陆物联网学院,引领混合所有制物联网学院办学新范式。2018年3月21日,重庆电子工程职业学院与新大陆公司在新大陆科技园举行了"重电-新大陆物联网学院"签约暨揭牌仪式。重庆电子工程职业学院校长聂强教授、物联网学院院长陈良教授、合作发展处处长莫绍强教授、物联网学院办公室主任廖金权,新大陆公司总经理陈继欣、副总经理陈建忠、产品中心总监林道华、新大陆大学教育部副经理李龙等出席了揭牌仪式。

一、探索校企混合所有制办学

重庆电子工程职业学院牵手新大陆公司,在促进校企深度融合、提升人才培养质量、加快产业升级、响应"一带一路"倡议与加强国际交流合作等方面开启更深层次的探索;同时,探索校企混合所有制办学也是重庆电子工程职业学院深入推进优质建设的创新举措。

集团理事长聂强教授表示,重电-新大陆物联网学院的成立将实现优质职业教育和领军产业的深度融合,将培养一系列高素质的物联网创新和实用型人才。在此基础上,积累学校与企业双主体办学经验,率先形成物联网领域具有影响力的一流学院,树立可复制、可借鉴的办学模式,引领全国物联网学院办学新范式。

新大陆公司陈继欣总经理表示,新大陆公司将与重庆电子工程职业学院在专业设置、人才培养、实习实训、技能鉴定、科技研发、社会服务、国际合作等领域全面开展工作,推进人才培养和市场需求的无缝对接,全面提升培养水平,打造物联网学院品牌效应。

二、探索混合所有制体制机制

重电-新大陆物联网学院定位于泛物联网领域新兴专业方向,并从办学模式、治理结构、教学模式上大胆创新。该学院以培育卓越人才为目标,围绕人才培养、技术研发、就业创业、社会服务,探索混合所有制体制机制,推进"校企合作、协同育人"人才培养模式,开发基于工作过程的课程体系,建设基于项目化教学的实训基地,利用信息化手段改进教学过程,以打造全过程、全员参与的育人环境。

合作共建重电-新大陆物联网学院签约仪式

重电-新大陆物联网学院混合所有制办学研讨会合影

重电-新大陆物联网学院发展规划场景图

重电-新大陆物联网学院混合所有制制度化会晤

4.1.4 合作共建启明星辰网络空间安全学院

重庆电子工程职业学院与启明星辰信息技术集团股份有限公司(以下简称"启明星辰")共建了启明星辰网络空间安全学院。2018年7月17日上午,重庆电子工程职业学院启明星辰网络空间安全学院揭牌仪式在重庆两江假日酒店重庆厅举行。中共重庆市委网络安全和信息化领导小组办公室副主任吴勇军,重庆市教委高教处处长蒋后强,重庆市经济和信息化委员会副巡视员刘伟,重庆市政协原副主席窦瑞华,中国通信工业协会副会长王敬华,工信行指委副主任委员武马群,重庆市职教学会常务副会长李光旭,重庆电子工程职业学院党委书记孙卫平、校长聂强、副校长龚小勇,启明星辰助理总裁罗春、西南大区副总经理袁玮佳、人工智能与大数据学院院长武春岭,以及全国高职院校代表等200多人出席了揭牌仪式。

网信办副主任吴勇军为产业学院揭牌

网络空间安全学院校企双方代表接牌

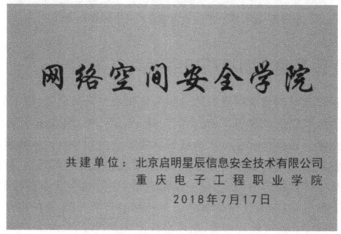

网络空间安全学院牌匾

网络空间安全学院是重庆电子工程职业学院与启明星辰共同投资、共同建设的混合所有制性质的产业学院。在合作前期的接洽中,启明星辰计划在全国每个省级行政区域分别甄选一所唯一合作院校,在重庆选择的是重庆电子工程职业学院。在合作过程中,企业方投入资金、产品和技术人员,学校方提供师资、学生,双方共同参与人才培养、技术研发、对外培训及社会服务等,通过项目驱动,可实现每年共同培养信息安全高技能人才200人的目标。

重庆电子工程职业学院以网络空间安全学院的成立为契机,进一步加大产教融合力度,提升网络空间安全领域的教学和科研水平,以更好地服务于学生、服务于企业、服务于社会经济和产业发展。

一、产学协同推进教育与产业发展

启明星辰网络空间安全学院旨在深化产教融合、校企合作、协同育人,加快推进新工科的建设和发展,推动中高本人才培养与产业发展紧密结合。启明星辰网络空间安全学院副院长张镇应提出:构建完善的信息安全人才培养体系是未来信息安全人才培养的必然趋势,启明星辰网络空间安全学院将长期致力于信息安全教育培训,充分利用自身行业积累,构建信息安全校企合作方案与信息安全八大课程体系,为产学合作协同育人项目贡献力量。

二、产学协同共建信息安全人才培养体系

启明星辰网络空间安全学院主要针对网络信息安全、计算机、软件工程、信息管理、电子信息工程、自动化、云计算、大数据、物联网、移动互联、人工智能、工控、区块链技术、电子政务、电子商务、关键基础信息系统等相关专业的安全方向,在产学协同新工科建设、教学内容和课程体系改革、实践条件和实践基地建设、创新创业教育改革四大方向上提供资源,进行项目招募,与高校进行深入合作,共同推进信息安全人才建设。

4.1.5 合作共建重电-海尔智能电子学院

2018年10月15日,重庆电子工程职业学院与海尔集团合作共建了重电-海尔智能电子学院。来自重庆市经信委、重庆市人社局、海尔集团、重庆电子工程职业学院等单位的嘉宾及我校师生代表共同见证了这一历史时刻。本次揭牌仪式由重庆电子工程职业学院副校长龚小勇教授主持,重庆电子工程职业学院校长聂强教授致欢迎词,海尔家电产业集团副总裁陈录城先生详细地介绍了校企合作项目的情况及发展前景。

海尔数字科技(南京)有限公司任学良总经理和重庆电子工程职业学院刘成俊副校长签订了校企战略合作协议。陈录城先生和重庆电子工程职业学院聂强校长共同为新学院揭牌。海尔数字科技(南京)有限公司与重庆电子工程职业学院共建了重电-海尔智能电子学院,双方将充分发挥各自领域的优势资源,深度融合发展,创新人才培养模式。通过海尔数字教育产业联盟的建立、开放型智能电子工程实训中心的建设、应用技术社会服务的开展等方面的具体合作,将建立校企合作长效机制,培养优秀的高素质技能人才,为智能电子、工业物联网产业和经济社会的发展做出更大的贡献。

重电-海尔智能电子学院成立仪式

4.1.6 合作共建中关村数字媒体学院

集团与新迈尔（北京）科技有限公司（以下简称"新迈尔公司"）深度融合，于2017年10月合作共建了中关村数字媒体学院，以共同探索混合所有制办学中的实践理念、实践载体和路径，提高办学效应。中关村数字媒体学院将严格按照协议要求，履行职责，把项目做扎实，以此次合作为契机，抓好专业建设、学生培养，抓好项目实施过程，确保项目合作质量。

集团与新迈尔公司在校企合作中遵循"教、学、习"三要素。该公司与学院一起努力，整合校企双方资源、夯实合作基础、提高人才培养质量和毕业生就业质量，把校企合作、产教融合推向新高度,把合作专业建设成全国高职专业中的亮点。

重庆电子工程职业学院领导莅临新迈尔公司参观指导

重庆电子工程职业学院领导在新迈尔相关人员的陪同下,对新迈尔的环境进行了参观考察,双方达成了深度合作意向,并对合作共建的产业学院在课程体系、教学模式、师资力量等方面进行了详细规划,双方探讨了校企合作的最佳模式,力求在抓好学生专业知识的同时,培养学生的实训实践技术,以使学生满足行业产业现代化发展的需要。

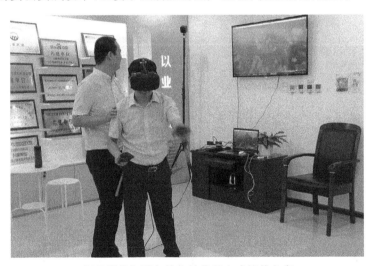

探索科技知识与技能转化的人才培养方案

新迈尔公司在对教育与信息技术融合的深度洞察下,积极探索产教融合、汇聚优质教育资源,将前沿科技知识与技能转化为系统的人才培养解决方案,以为产业的快速蓬勃发展培养全面型、应用型人才大军。

4.1.7 合作共建重电-曼恒数字产业学院

重庆电子工程职业学院与上海曼恒数字技术股份有限公司共建了重电-曼恒数字产业

学院。2020年9月29日,时值中秋、国庆双节来临之际,重庆电子工程职业学院隆重举行了重电-曼恒数字产业学院成立挂牌仪式。重庆电子工程职业学院校长聂强、副校长龚小勇、党委宣传部部长疏勤、国际交流与合作发展处处长莫绍强、财务处副处长韦代周,重庆华达科技发展有限公司总经理张铁力,上海曼恒数字技术股份有限公司副总裁蒋成龙,曼恒西南大区经理赵锐,重庆项目部负责人熊鸿志,数字媒体学院党总支书记彭海深、院长刘晓东、副院长谢永等校企合作单位领导出席揭牌仪式。

重庆电子工程职业学院副校长龚小勇教授主持会议

重庆电子工程职业学院校长聂强教授在会议上讲话

一、推动卓越技术技能人才培养

为了推动产教深度融合,进一步打造重电-曼恒数字产业学院品牌,提升项目团队技能技术水平,经重电-曼恒数字产业学院领导商议,决定于2021年1月4—23日举办"次世代"

课程第一期班,为重电-曼恒产业学院后期项目的承接以及发展打下扎实的基础。

2020年12月在数字媒体学院公开招生报名,并对前来报名的学生进行面试筛选,重电-曼恒数字产业学院项目团队共同商议课程安排,拟定了任课老师。2021年1月4日,重电-曼恒数字产业学院"次世代"课程一期班开班仪式在曼恒产业学院路演厅拉开序幕。

数字媒体学院院长刘晓东主持开班仪式

二、再推动卓越技术技能人才培养

为进一步推进重电-曼恒数字产业学院高质量发展,在校企双方领导的大力支持与关心下,数字媒体学院根据学校卓越技术技能人才项目,结合重电-曼恒数字产业学院的发展需要而组建了技术技能人才定制班"曼恒班",在2021年3月30日下午举行了开班仪式。学校副校长幸昆仑、党委委员疏勤、国际交流与合作发展处处长莫绍强、财务处处长杨建勇、重庆华达科技发展公司总经理张铁力等出席了活动。上海曼恒数字技术股份有限公司董事长周清会、运营总监侯钰钰、西南区经理赵锐等企业负责人专程莅临现场并致辞。

重电-曼恒数字产业学院院长助理都永昌主持会议

重电-曼恒数字产业学院人才孵化模式分为三个循环、四个目标、五个阶段。构建班级、小组、企业三循环体系；以人才储备库、人才孵化池、人才锤炼地、人才输送带为四个目标；设置教学平行班、曼恒班、小组、优秀学员、技术能手五个阶段。教学过程引入企业项目、分解项目标准，配合虚拟现实应用开发1+X证书考核，贯穿学历教育全过程。

2021年是国家十四五的开局之年，也是重庆电子工程职业学院"双高建设"的关键之年，推动重电-曼恒数字产业学院高质量发展，是重庆电子工程职业学院探索完善职业教育和培训体系，优化学校、专业布局，深化办学体制改革和育人机制改革的重要推手。重电-曼恒数字产业学院逐渐深入探索基于相互需求、产权介入、产教融合与效益分享的混合所有制二级学院建设改革。在建设过程中，秉承新发展理念，以增强数字内容行业竞争力，打造新时代数字内容创新创业平台为目标，紧贴产业数字化进程，培养学生发扬数字工匠精神，助力数字创新项目落地生根，实现数字项目、虚拟仿真项目策划、生产、转化一体化服务，推动产业学院社会效益与经济效益双丰收。

4.2 资源共建共享，办学共享成效显著

资源整合能力反映集团资源的综合利用程度，是衡量集团化办学有效性的重要指标。重庆电子信息职业教育集团联合华为技术有限公司、重庆长安汽车股份有限公司等101家知名企业，共建共享教育教学资源。重庆电子信息职业教育集团主要在专业、课程、教材、基地、数字资源、师资等方面进行了资源共建共享，与行业、企业、产业深度对接，办学共享成效显著，提升了职业教育集团服务于重庆产业经济的能力。

4.2.1 专业共建共享

重庆电子信息职业教育集团联合行业龙头企业联盟与职业院校联盟共建计算机网络技术、信息安全与管理、物联网应用技术、光电技术应用、应用电子技术等专业，共建共享专业教学标准和精品在线教学资源。集团联合中国通信工业协会信息安全与云计算校企联盟、重庆电子信息技术职业教育指导委员会、重庆通信行业校企联盟等10个行业专业联盟，共同制定了电子行业标准体系，以专业集群对接产业集群为途径，通过专业群合作委员会等组织形式，推进政、校、行、企跨界合作建设，促进教育、培训、研发共同发展。

集团联合171家企业、11家行业协会、69所国内外中高本院校，共同建立了专门的产学研合作部，下设软件产业、电商产业、应用电子技术产业、电子信息制造产业等多个产学研合作专业委员会和工作委员会，作为成员会商交流与合作的基层组织，将专业建设纳入重庆产业群发展服务体系，对接重庆区域产业结构调整升级所需，以重庆地区产业升级为主导向，适时调整集团内职业院校专业结构、深化课程体系的改革，以更好地为重庆区域经济服务，助推重庆区域经济发展。

4.2.2 课程共建共享

集团积极引进行业标准，创新课程体系，实现课程共建共享。重庆电子信息职业教育集团将行业标准和职业标准融入专业核心课程，创建了职业岗位能力与素质并重培养的课程

体系,并由"校行企"三方联合研讨论证,制定了人才培养方案,企业全程参与人才培养和质量监控与考核评价。集团还组织校企合作完成了相关专业的教学资源库建设,具有大量的行业标准、工艺视频以及技术文件等,资源丰富,实用性强。

4.2.3 教材共建共享

为培养满足市场需求的高技能型人才,使学生培养的环境和途径更符合企业用人需求,集团理事单位与华为共同制定了ICT专业人才方案,以共同开发工学结合、项目驱动的教材,共建职业资格认证资源,引入工程规范、工程案例、新技术发展趋势等教学资源。集团利用企业、行业优势,共享共建通信系统运行管理、计算机网络技术、信息安全与管理、物联网应用技术、光电技术应用、应用电子技术等专业教学标准,共同开发人才培养方案6个,修订完善专业、课程、岗位标准54个,共同开发工学结合教材18部。

4.2.4 基地共建共享

集团构建多元办学体制,打造示范引领、辐射广的标志性、生产性实训基地55个。通过引企入校,建设混合所有制生产性实训基地。在集团中高本成员校区内为企业提供厂区与厂房。校企双方按照"产权股份化,运行企业化"的方针,以"共同建设、共同管理、实现双赢"为原则,开始混合所有制生产性实训基地的探索和实践。集团投入厂房等资金767万元,股份占40%;企业投入生产设备等资金1 150万元,股份占60%,一个生产与实训相统一、校企互为依存的职业教育生产性实训基地建成,为培养高素质技术技能人才搭建了校企共育平台。

一、省部级双基地:重电-阿里巴巴新零售人才培养双基地

重电-阿里巴巴新零售人才培养双基地是重庆市教委批准的重庆市教委高职教育双基地建设项目,承担院校为重庆电子工程职业学院。为保证重庆市高等职业教育双基地建设项目的顺利实施和建设质量,依据《中华人民共和国合同法》,重庆市教委与重电签订了关于《重电-阿里巴巴新零售人才培养双基地》建设项目的合同。

(一)项目基本情况

重电-阿里巴巴新零售人才培养双基地项目基本情况如表4-1所示。

表4-1 重电-阿里巴巴新零售人才培养双基地项目基本情况

双基地项目名称	重电-阿里巴巴新零售人才培养双基地			
双基地适用专业	电子商务			
对接产业	新兴服务业、互联网产业			
建设时间	2018年12月6日至2020年12月31日			
合作企业	阿里巴巴集团,私营企业,杭州市余杭区文一西路969号,0571-8502××××			
项目负责人及主要成员	姓名	性别	职务/职称	联系电话	电子邮箱
负责人	董征宇	男	系主任/教授	1360838××××	dongzy×××@126.com

续 表

项目负责人及主要成员	姓名	性别	职务/职称	联系电话	电子邮箱
主要成员	汪启航	男	副院长/副教授	1336813××××	110083×××@qq.com
	黄志平	男	院长/教授	1332026××××	323207×××@qq.com
	王希琼	女	教授	1888323××××	21088×××@qq.com
	刘源	男	副教授	1310127××××	15003×××@qq.com
	裘立峰	男	商务总监	1860571××××	lifeng.qi×××@alibaba-inc.com
	王娜	女	区域经理	1398393××××	cissy.wa×××@alibaba-inc.com

（二）项目建设内容

1. 共同建设专业

（1）创新"双主体、双导师、双情境"人才培养模式。

（2）联合开发"混合学习"精品在线开放课程。

（3）探索与实践基于工匠工坊的卓越人才培养模式。

2. 共同培养"双师双能型"教师

（1）以双基地为载体实施专业教师与企业工匠双向交流互聘。

（2）以教师工作室为载体培育"双师双能型"教学团队。

（3）设置产业教师（导师）特设岗位。

3. 共同开展技术技能培训

（1）开展新零售人才培训。

（2）以师生创新创业项目孵化为基础开展技术服务。

（3）联合开发新零售职业资格标准与培训认证体系。

（三）项目建设预期成果及数量

项目建设预期成果及数量如表4-2所示。

表 4-2 项目建设预期成果及数量

建设内容	预期成果					
	2018年		2019年		2020年	
	成果名称	数量	成果名称	数量	成果名称	数量
1. 共同建设专业	新零售人才培养方案	1套	新零售创新班	200人	新零售创新班	200人
	新零售创新班	60人	混合学习课程	2门	混合学习课程	2门
			双基地推荐就业	10人	双基地推荐就业	15人
2. 共同培养"双师双能型"教师	教师企业顶岗实践	2名	教师企业顶岗实践	2名	教师企业顶岗实践	1名
	聘请双基地教师	2名	聘请双基地教师	2名	聘请双基地教师	2名
			技能工作室	1个	技能工作室	1个
			市级教改项目	1项	市级教改项目	1项
					双千双师人员	2名

续表

建设内容	预期成果					
	2018年		2019年		2020年	
	成果名称	数量	成果名称	数量	成果名称	数量
3.共同开展技术技能培训	新零售人才职业技术培训中心	1个	技能培训	500人/次	技能培训	500人/次
			技能鉴定	250人/次	技能鉴定	250人/次
			技术服务项目	1项	技术服务项目	1项
			技能大赛获奖	2项	技能大赛获奖	2项
			招收培养留学生	12人/次	招收培养留学生	15人/次

预期效益和特色或创新点如表4-3所示。

表4-3　预期效益和特色或创新点

预期效益	（1）培养成批高素质新零售技术技能型人才。通过双基地培养成批高素质新零售技术技能型人才，满足了阿里巴巴等合作企业的人才需求，为电子商务相关企业落地重庆提供了有效支撑，也增强了高职教育服务地方经济社会发展的能力，以教育产教融合服务重庆地方经济转型升级加快发展 （2）打造以新零售为特色的电子商务专业集群。以大数据智能化驱动电子商务专业集群创新发展，联合业内知名企业阿里巴巴共同建设专业集群，进行办学体制机制的改革创新，通过共同创新人才培养模式、共同培养"双师型"教师、共同创设产学研用平台、共同开展技术技能培训，人才培养质量明显提高，专业集群建设走上良性循环 （3）取得以标志性成果为代表的教育教学成果。通过双基地建设与运行，形成一批较高水平的教育教学成果，包括重庆高等职业院校专业能力建设（骨干专业）项目、重庆市优质高等职业院校建设项目、电子商务专业人才培养标准及培养方案、新零售相关职业资格标准及证书、混合学习课程及教学资源（含职业教育国家规划教材）、技能工作室、市级以上高等职业教育教学改革研究项目、大学生"互联网＋"创新创业大赛及全国职业院校技能大赛奖等
特色或创新点	（1）利用双基地建设，开办具有"现代学徒制"特征的阿里巴巴新零售产教融合创新班，双基地与学校在专业建设规划、教学资源开发、实习实训等教学环节互融互通，实质性参与技术技能人才培养全过程 （2）利用双基地建设，搭建"双师双能型"教师培养训练平台，结合重庆市"双千双师"交流计划，选派学校专业教师到双基地顶岗实践，学校设置产业教师（导师）特设岗位，以长效互聘机制为抓手构建专业教师团队发展通道 （3）利用双基地建设，建立新零售职业技术培训中心，构建具备技能培训、技术服务、技能鉴定、项目研发、创业孵化、技能大赛、终身教育服务、扶贫开发等多功能的服务平台

（四）项目经费预算

经费预算细则如表4-4所示。

表4-4　经费预算细则　　　　　　　　单位：万元

时间	企业投入	学校投入	市财政投入	小计
2018年	160	50	25	235
2019年	160	100	25	285
2020年	440	50	25	515
合计				1 035

二、省部级实训基地：电子信息共享实训基地

电子信息共享实训基地是重庆电子信息职业教育集团牵头单位重庆电子工程职业学院在 2018 年 11 月 19 日成功立项的 2018 年重庆市高等职业教育共享实训基地建设项目，立项公示文件如下：

重庆市教育委员会关于 2018 年重庆市高等职业教育共享实训基地拟立项建设名单的公示

根据《重庆市教育委员会办公室关于开展重庆市高等职业教育共享实训基地建设项目申报工作的通知》（渝教办函〔2017〕102 号）精神，我委组织完成了 2017 年重庆市高等职业教育共享实训基地的申报评审工作，并公布了 2017 年共享实训基地立项建设项目。现根据 2017 年评审结果综合排序，拟确定重庆城市管理职业学院财经商贸共享实训基地、重庆电子工程职业学院电子信息共享实训基地为 2018 年重庆市高等职业教育共享实训基地拟立项建设项目，现予以公示，公示期为 3 个工作日。

公示期间，任何单位或个人对 2018 年重庆市高等职业教育共享实训基地建设项目有异议的，请以书面形式（包括必要的证明材料），在即日起 3 个工作日内向重庆市教育委员会提出。单位提出的异议，须在异议材料上加盖本单位的公章，并写明联系人姓名、通讯地址和电话；个人提出的异议，须在异议材料上签署真实姓名，并写明本人的工作单位、通讯地址和电话。我们将对提出异议的单位和个人严格保密。

联系人及电话：刘康，6039××××。电子信箱：cqed××××@163.com。

通讯地址：重庆市教育委员会高等教育处。邮编：400020。

附件：2018 年重庆市高等职业教育共享实训基地拟建设项目名单。

重庆市教育委员会
2018 年 11 月 19 日

附件

2018 年重庆市高等职业教育共享实训基地拟建设项目名单

序 号	单位名称	共享实训基地名称
1	重庆城市管理职业学院	财经商贸实训基地
2	重庆电子工程职业学院	电子信息共享实训基地

三、合作共建创新基地：人工智能研究与创新中心

重庆电子信息职业教育集团牵头单位——重庆电子工程职业学院联合广州粤嵌通信科技股份有限公司合作共建了人工智能研究与创新中心，同时还合作共建了众创空间、嵌入式

应用创客协会。广州粤嵌通信科技股份有限公司是一家集科技产品研发、生产、系统解决方案供应、IT技术人才培育于一体的新型高科技上市企业。人工智能研究与创新中心主要面向计算机学院嵌入式技术与应用等专业，开展人工智能新产品研发、人才培养与孵化、各类创客活动等，助力计算机学院人才培养。

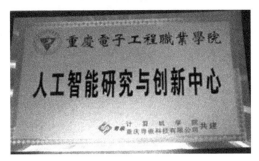

人工智能研究与创新中心挂牌成立

人工智能研究与创新中心授牌仪式

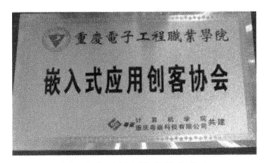

嵌入式应用创客协会挂牌成立

众创空间挂牌成立

四、合作共建电子技术应用协同创新基地

重庆电子信息职业教育集团与中国航天科工集团第三研究院第三一〇研究所协同共建了电子技术应用协同创新基地。2018年3月14日上午，集团牵头成员重庆电子工程职业学院副校长刘成俊同中国航天科工集团第三研究院第三一〇研究所所长谷满仓在应用电子学院7215会议室为"电子技术应用协同创新基地"举行了签约和揭牌仪式。出席此次签约仪式的嘉宾有中国航天科工集团第三研究院第三一〇研究所所长谷满仓、经营开发处处长谈鸿、虚拟现实创新实验室负责人王宏达和学校副校长刘成俊、科研处处长彭海深、应用电子学院副院长王正勇、协同创新中心项目负责人王林泓博士以及协同创新行动计划项目骨干教师。

签约仪式由集团副秘书长王正勇教授主持，副校长刘成俊和中国航天科工集团第三研究院第三一〇研究所所长谷满仓分别致辞，虚拟现实创新实验室负责人王宏达介绍重庆电子工程职业学院与第三一〇研究所合作项目情况，通过第三一〇研究所的VR虚拟现实技术与重庆电子工程职业学院传感器、控制器等硬件系统设计的完美结合，实现沉浸式体验。最后，双方就合作事宜进行了深入交流，并达成共识，通过校企深度合作共建，实现双方互利共赢。

(a)　　　　　　　　　　(b)　　　　　　　　　　(c)

电子技术应用协同创新基地签约仪式现场

五、合作共建中国移动物联网联盟产教融合示范基地

重庆电子工程职业学院携手中国移动物联网联盟共建了产教融合示范基地。2021年5月25日,重庆电子工程职业学院协同中国移动物联网联盟共建的中国移动物联网联盟产教融合示范基地的授牌仪式在重庆电子工程职业学院物联网学院举行。出席本次仪式的有中国移动物联网有限公司市场运营部总经理、中国移动物联网联盟副秘书长罗健,中国移动物联网有限公司市场运营部副总经理孙烨,中国移动物联网联盟李兴、胡强、黄俊淋,电子与物联网学院党总支书记张红斌、院长陈良,国际交流与合作发展处副处长刘影、党总支副书记毛弋,电子与物联网学院副院长夏西泉,物联网应用系教师代表。

中国移动物联网联盟产教融合示范基地授牌仪式

产教融合是当前教育链、人才链与产业链、创新链有机衔接的重要促进手段。双方共建"产教融合示范基地",可以发挥各自学科、科研、平台、人才等优势资源,共同搭建智能制造领域的科技研发平台、人才培养平台和技术服务平台,实现人才培养、学科建设和服务社会的互动,对于更好地服务区域经济社会发展具有积极的意义。校企合作形成了以市场为导

向、以科技为核心、以企业为基础、以项目为纽带的共赢局面,为中国移动物联网联盟探索与高校合作的模式、建设新的技术创新体系开拓了路径。

学校与企业双方签订了战略合作协议并进行了产教融合示范基地揭牌。此次签约,对于重庆电子工程职业学院建设高水平专业群,发展物联网应用技术、电子信息工程技术等专业,产教深度融合,形成共建共享的良好机制,服务地区新旧动能转换具有重要意义。

六、合作共建发展基地:成渝地区双城经济圈产教融合发展联盟

2020年4月22日,由重庆电子工程职业学院牵头,联合55家成渝地区高等职业院校、科研院所和骨干企事业单位共同发起成立了成渝地区双城经济圈产教融合发展联盟。联盟成立大会在重庆电子工程职业学院举行。

成渝地区双城经济圈产教融合发展联盟成立大会

成渝地区双城经济圈产教融合发展联盟旨在深入贯彻落实《国家职业教育改革实施方案》,顺利推进国家"双高计划"建设,主动服务"成渝地区双城经济圈"国家战略,凸显职业教育在区域经济社会发展中的责任与担当,扎实推进产教融合、校企合作,培养满足新时代、新产业、新技术要求的高素质技能型人才。成渝地区双城经济圈产教融合发展联盟成立大会汇聚了川渝两地18所"双高"学校、13个企业园区,确立了31个常务理事单位。

当前,成渝地区双城经济圈已正式启动,亟须大量高素质技术技能型人才来支撑。职业教育作为专业技能型人才培育的核心力量,理应担当此重任。重庆电子工程职业学院党委书记孙卫平在致辞中谈到,深化产教融合,促进教育链、人才链与产业链、创新链的有机衔接,推进人力资源供给侧结构性改革,加快构建具有中国特色的成渝地区双城经济圈现代职业教育体系成为首要任务。

成渝地区双城经济圈产教融合发展联盟成立以后,将以"产教融合、资源共享、优势互补、协同发展"为宗旨,在人才培养、科技创新、社会服务、文化交流等方面开展深入合作,努力实现资源最大化共享,凸显职业教育在区域经济社会发展中的责任与担当,共同打造成渝地区双城经济圈职业教育命运共同体。

重庆电子工程职业学院校长聂强教授主持仪式

七、合作共建大学生劳动教育校外实践基地

为构建"1+8+N"劳动教育课程与实践体系,深化劳动在以劳树德、以劳增智、以劳强体、以劳育美、以劳创新("五育融合")中的时代价值,2020年12月20日,聂强校长带队党委学生工作部全体教师到江津区先锋镇保平村重庆创丰农业发展有限公司进行实地考察,并为公司授予了"大学生劳动教育实践基地"牌匾。

重庆电子工程职业学院在全校大学生中推行"1+8+N"劳动教育课程与实践体系,以引导学生树立崇尚劳动、尊重劳动的劳动观念,树立劳动最光荣、劳动最崇高、劳动最伟大、劳动最美丽的正确价值观,使大学生扎根中国大地,了解国情民情,在劳动实践中"受教育、炼技能、强体魄、做奉献"。

目前,重庆电子工程职业学院已与重庆长安工业(集团)有限责任公司、知名校友企业重庆市华雄实业(集团)有限公司达成合作意向,共建大学生劳动教育校外实践基地。

(a)

(b)

大学生劳动教育校外实践基地

八、合作共建晨曦 AI&BIM 教学实践基地

2018年9月27日,重庆电子工程职业学院建筑与材料学院和福建晨曦信息科技集团股份有限公司、重庆领标工程项目管理咨询有限公司签署了校企合作协议。协议签字仪式在重庆电子工程职业学院博润厅举行,建筑与材料学院周国清院长、福建晨曦信息科技集团股份有限公司校企部经理谭莉、重庆领标工程项目管理咨询有限公司总经理林兵分别代表校、企方在合作协议上签字。

首先,重庆电子工程职业学院建筑与材料学院院长周国清致欢迎词并简要介绍了学校办学和校企合作情况,谭莉经理介绍了福建晨曦信息科技集团股份有限公司的发展情况,林兵总经理介绍了重庆领标工程项目管理咨询有限公司的发展情况以及人才需求情况,建筑与材料学院边凌涛副院长作了总结发言,表达了长期合作的愿景。协议签字后,双方就项目运行思路、管理方案和人才培养方案进行了深入的交谈;重庆电子工程职业学院授予福建晨曦信息科技集团股份有限公司、重庆领标工程项目管理咨询有限公司"产学研教育基地"牌匾;福建晨曦信息科技集团股份有限公司、重庆领标工程项目管理咨询有限公司授予重庆电子工程职业学院"晨曦 AI&BIM 教学实践基地"牌匾。

晨曦 AI&BIM 教学实践基地

出席签字仪式的还有重庆电子工程职业学院建筑与材料学院副院长边凌涛、办公室主任周禹、工程造价教研室主任李会静副教授、BIM 项目负责人张灵芝老师等,以及重庆领标工程项目管理咨询有限公司办公室主任毕领枫、培训部主任饶居英。

九、合作共建重电-铁塔实训基地

6月6日上午,重电-铁塔实训基地揭牌仪式在重庆电子工程职业学院博润厅隆重举行。重庆通信行业职业技能鉴定中心主任魏艳,中国铁塔股份有限公司重庆市分公司副总经理邓忠惠,中国移动通信集团设计院有限公司重庆分公司副院长谢武胜,重庆市信息通信咨询设计院有限公司副院长王志强,重庆信科设计有限公司副总经理李校林,重庆电子工程

职业学院副校长龚小勇、合作发展处处长莫绍强、通信工程学院副院长陶亚雄和部分教师代表出席了仪式，仪式由通信工程学院副院长陶亚雄教授主持。

陶教授首先对参与揭牌仪式的领导和嘉宾表示了热烈欢迎和衷心感谢，紧接着介绍了重电-铁搭实训基地的建成情况。重电-铁塔实训基地是由重庆通信行业职业技能鉴定中心牵头，中国铁塔股份有限公司重庆市分公司出资，在重庆电子工程职业学院北区8栋选址，由中国移动通信集团设计院有限公司重庆分公司、重庆市信息通信咨询设计院、重庆信科设计有限公司参与设计和施工，历时一年建设而成。将重庆电子工程职业学院北区8栋通信工程中心5楼进行改造，构建了通信电源实训室、室内分布实训室，同时在8栋1楼建成了塔桅实训室、土建实训室，可支持砖混土建机房地圈梁工艺示范与操作，机房内设备摆放、走线架安装、消防照明、防雷接地等规范布置的工程教学，将实际通信工程建设场景引入重庆电子工程职业学院。这是重庆市通信管理局在高校建立的第一个公共实训基地，也弥补了重庆电子工程职业学院在通信工程设计与施工、公共实训基地建设方面的空白。

接着，重庆通信行业职业技能鉴定中心主任魏艳、中国铁塔股份有限公司重庆市分公司副总经理邓忠惠分别致辞，高度肯定并评价了这一政企校三方共同打造的实训基地，不但可以实现师资力量的整合，完善行业职业资格鉴定实操流程，提升职业资格认证质量；还可以为中国铁塔股份有限公司及其合作伙伴培训员工；更可促进政企校三方深度合作，创新校企合作新模式，为行业培养更多优秀的高技能通信工程设计与实施的人才。

其后，龚小勇副校长致辞，首先感谢了重庆市通信管理局、中国铁通集团有限公司重庆分公司及其合作伙伴对重庆电子工程职业学院校企合作的大力支持，肯定了重电-铁塔实训基地的建成是多方共同努力的结晶；接着，龚校长介绍了学校的整体发展情况，重点介绍了学科专业发展、校企合作、实训基地、新的实训大楼建设进度、技能人才培养以及近10年来重庆电子工程职业学院参加全国技能大赛等方面的情况。重庆电子工程职业学院将充分利用重电-铁塔实训基地这一平台，开展多方合作，为打造公共实训基地奠定基础，对接行业在创新基地建设、大规模社会培训、技能鉴定以及科研创新等方面进行更为广泛的探索和实践。

重电-铁塔实训基地揭牌仪式

最后,政企校三方代表魏艳、邓忠惠和龚小勇共同见证并参与了重电-铁塔实训基地的揭牌,这标志着重电-铁搭实训基地正式成立;同时,全体人员参观了实训基地。

十、合作共建电商物流共享实训基地

2019年10月25—26日,受秀山(武陵)现代物流园区管委会的邀请,重庆电子工程职业学院财经管理学院黄志平院长带队到秀山县考察并洽谈校企合作事宜。

负责秀山(武陵)现代物流园区运营的秀山华渝物流投资有限公司的副总吴洪峰详细地介绍了秀山(武陵)现代物流园区作为国家级示范物流园区、重庆市重点物流园区的整体情况以及秀山电商发展模式。随后,财经管理学院一行实地考察了园区内电商云仓、快递分拨中心以及电商企业。

园区内电商企业代表、秀山(武陵)现代物流园区管委会与重庆电子工程职业学院代表就电商物流人才的培养、共享型实训基地的建设以及电商扶贫等问题进行了深入交流。座谈会上,秀山(武陵)现代物流园区管委会主任杨小民对财经管理学院一行的到来表示非常感谢,并表示非常期待与重庆电子工程职业学院进行深度校企合作,实现产教深度融合,为园区乃至秀山的发展提供人才保障。秀山(武陵)现代物流园区管委会支部书记张宗明介绍了秀山的地理、经济情况,以地处渝、鄂、湘、黔四省交界的地理优势,打造武陵山区重要区域性商贸物资集散中心的发展战略,解决电商物流产业集群所遇到的人才问题等。黄院长介绍了重庆电子工程职业学院的发展情况,在校企合作、产教融合方面的成功经验,以及在混合制办学方面的尝试,特别是在重庆电子工程职业学院"双高"建设的背景下,表明了与企业开展深度校企合作的积极态度。汪启航副院长提出了打造政校企产教融合平台的设想,开展校企双元育人、企业培训等,以更好地服务企业与地方经济。最后,双方达成了校地共建电商物流共享实训基地的初步意向。

秀山(武陵)现代物流园区考察合影

财经管理学院一行还来到重庆电子工程职业学院派人担任扶贫驻村第一书记的秀山县梅江镇石坎村、兰桥镇巨龙村,看望重庆电子工程职业学院驻秀山扶贫代表马克思主义学院副院长冉鑫、党委学工部副部长江兵,考察两个村的地理位置、自然条件、产业基础,并就两个村在奔小康上的产业发展思路深入交换意见,就学校如何提供智力扶贫等问题进行调研。

参加此次洽谈的有重庆电子工程职业学院驻秀山扶贫代表马克思主义学院副院长冉鑫、党委学工部副部长江兵、财经管理学院营销系主任罗炜、合作发展部副主任向国伦。

十一、合作共建泰山职教论坛暨创新创业教育全球联合教研室

2019年11月2日,泰山职教论坛暨创新创业教育全球联合教研室成立大会在山东商业职业技术学院举办。重庆电子工程职业学院副校长龚小勇、通识教育与国际学院院长沈雕、创新创业工作负责人陈政佳参加了本次论坛。论坛由山东商业职业技术学院、北京人人出彩教育科技有限公司、中教全媒体承办,全国72所高职院校的300余名专家领导、企业代表和院校代表参加了此次大会。

论坛分为致辞、主题演讲、全球联合教研室成立仪式三部分。论坛上,创新创业教育全球联合教研室正式宣布成立,成为"创新创业教育全球联合教研室轮值理事长单位",这宣告着职业院校创新创业教育正式拉开了新篇章。创新创业教育全球联合教研室各成员单位之间将在金课名师的联合教研、创新育成中心的联合教研、青年创业商帮的联合教研、共同培养人才的联合教研四个方面进行深入合作。全球联合教研室各成员单位在合作中坚持相互欣赏、相互信任、相互帮助、相互成就的基本原则,坚持资源共享、优势互补、提高效率、共同发展为战略合作的根本利益。

2019年泰山职教论坛

十二、合作共建重庆市新一代移动通信技术产业创新联盟

为深入学习贯彻党的十九届五中全会精神和习近平总书记关于科技创新的重要论述，认真落实《成渝地区双城经济圈建设规划纲要》的精神，树立"巴蜀一家亲"意识，强化"川渝一盘棋"思维，贯彻"成渝一体化"理念，聚焦"两中心两地"定位，发挥"双核引领"和"区域联动"作用，进一步建立健全交流合作机制，加大交流协作力度和深度，为成渝地区的发展大局做出贡献，重庆市科学技术协会、四川省科学技术协会、国家技术标准创新基地（重庆）、重庆电子工程职业学院、四川工程职业技术学院于2021年5月27日联合举办了"2021重庆四川技术转移转化大会"（CSTTC）。重庆电子工程职业学院校长聂强参加大会并代表学校致辞，科研处许磊处长参加会议。会上，重庆市新一代移动通信技术产业创新联盟正式成立。

重庆市新一代移动通信技术产业创新联盟是重庆电子工程职业学院在市科技局的指导下，联合重庆市产学研合作促进会牵头成立的。重庆市新一代移动通信技术产业创新联盟由华为技术有限公司、中国大唐集团有限公司等34家高科技技术研发公司，中国移动、中国电信、中国联通三大运营商，中国信息通信研究院西部分院等6所科研机构，重庆大学、重庆邮电大学等9所成渝两地高校共同创建，重庆电子工程职业学院为联盟理事长单位，重庆市产学研合作促进会为联盟秘书长单位。

重庆市新一代移动通信技术产业创新联盟成立后将根据国家、地方产业发展需要，围绕产业技术创新的关键问题，聚集产业上下游优势资源，加强产学研的紧密结合，协同突破新一代移动通信技术产业关键技术创新及产业化，为重庆市5G的产业化应用提供咨询，为6G的基础研究搭建交流平台，成为支撑和引领产业技术创新的骨干力量，促进新一代移动通信技术产业技术创新发展，服务重庆市西部科学城建设。

联盟启动仪式

重庆市新一代移动通信技术产业创新联盟在重庆电子工程职业学院和重庆市产学研合作促进会领导的关心和悉心指导下,相关成员与华为技术有限公司、大唐高鸿网络股份有限公司、重庆邮电大学和信息通信研究院的工作人员共同组建了联盟筹备委员会,讨论联盟章程、招纳联盟会员、实施专家确认等环节,历时5个月完成了联盟启动筹备工作。

在启动仪式上,重庆电子工程职业学院、华为技术有限公司、大唐高鸿网络股份有限公司、中国信息通信研究院西部分院、中国移动通信集团重庆有限公司、中国联合网络通信有限公司重庆市分公司、中国电信股份有限公司重庆分公司7家代表一起按下了启动键,和200多名与会代表一起见证了重庆市新一代移动通信技术产业创新联盟的诞生。

4.2.5 数字资源共建共享

2020年12月24日,中泰职教联盟2020年会在线举行,73家成员单位相聚"云端",共商中泰职业教育数字资源的建设与共享,探索线上线下合作新渠道,共同推进在线课程在泰国上线及推广,持续扩大中泰职教联盟的国际影响力。

本次会议在重庆市教育委员会、泰国教育部职业教育委员会的指导下,由中泰职教联盟主办,重庆工程职业技术学院和重庆电子工程职业学院共同承办。重庆市教委副主任邓睿,重庆市教委国际合作与交流处处长李斌,中泰职教联盟中方理事长、重庆工程职业技术学院党委书记易俊,重庆工程职业技术学院副校长吴再生、校党委书记孙卫平,以及中方37家成员单位代表、相关行业机构代表在我校2307(丝路会议室)分会场参会;泰国教育部职业教育委员会副秘书长蒙通以及泰国东方技术学院、曼谷职业学院、素叻他尼职业学院等泰方院校代表在泰国教育部职业教育委员会分会场参会。

会议听取了中泰职教联盟中方理事长单位——重庆工程职业技术学院关于联盟的2020年工作报告。中泰职教联盟中方理事长、重庆工程职业技术学院党委书记易俊表示,过去一年,中泰职教联盟各成员单位齐心抗疫并不断探索合作交流新方式,中泰职教联盟成员数量进一步增加,线上交流合作成果丰硕,中泰职教联盟在线课程快速推进,科研项目初具雏形,中泰职教特色合作项目持续深化;2021年,中泰职教联盟将持续应对疫情调整,在合作办学、在线课程建设、师生交流、技能竞赛、校企合作等方面推进交流合作,深入开展宣传推介,持续扩大中泰职教联盟的影响力。

4.2.6 师资共建共享

共培新型"双师"队伍。建立院校教师与企业技术专家结对联系、相互交流机制,建立师资培训基地与教师企业实践基地"双基地",合作培养"双师型"教师。

共育技术技能人才。搭建技术技能合作平台,开展技术技能交流活动,制定相关技术技能标准,提高人才培养的针对性和实用性。通过培育高素质技术技能人才,打造新型"双师"队伍,深层次开展校企合作、产教融合、共享人才、师资、特色专业、信息课程、实训基地、对外交流合作等资源,分担办学成本,充分发挥实训基地综合效能,服务区域行业,助推国家战略的实施,培养满足集团成员企业、本地区经济和社会发展要求的高技能人才,实现"政行企校"多方共赢。六大任务共担共建,多方主体凝聚,实现资源共享。

4.3 人才培养质量显著提升

集团实行产教融合、校企合作协同育人,共同促进教学内容及时反映产业发展需求、区域特点和时代特色,完善课程体系,优化教学过程,切实提高技术技能人才培养的针对性、时效性。教学改革取得重要成果,对教学改革实践有重要的示范作用,可提高教学水平和教育质量。校企联合培养(如订单培养、委托培养、定向培养、现代学徒制试点等),集团内企业为学生提供充足的实习实训岗位,实现中高职人才培养衔接,注重紧缺人才培养,提升信息化技术应用与教学能力。

集团与百度、腾讯、华为、海尔、新大陆等行业领军企业合作共建产教融合实训基地和产业学院 50 个,与永川区政府共建云计算学院,与国家高新区重庆金凤电子信息产业园共建电子信息与检验检测学院。培育国家级和省级产教融合型示范企业 10 家以上。共建教学资源库 100 项、专业 20 个、课程 100 门以上。校企共育学生参加职业技能大赛累计获奖 200 项以上,校企共育省级以上技能大师 10 人以上。联合申报省级以上教学成果奖不少于 7 项。

4.3.1 利用集团平台,开展现代学徒制试点

集团牵头院校充分利用集团平台,选择集团内企业作为合作伙伴,以制定校企"双人才培养方案""双教学培养标准"为重点,以建设校企"双教学团队"为保证,探索现代学徒制,实现校企一体化育人。利用高职院校单独招生政策,与企业联合招收现代学徒制班学生 116 名,企业安排 8 名大师、2 名德国专家和专任教师担任师傅,学生在学徒期间参与完成 3~5 个企业订单产品的生产制作,企业根据作品的艺术水平及价值为学生发放报酬。

4.3.2 促中高职协调发展,创紧密型职教集团

由集团内院校牵头,从专业设置、标准化课程、实训实习及职业资格与技能入手,探索建立相对完整而全面的中高职衔接体系,具体包括衔接目标、衔接内容、衔接形式、衔接途径与方法、衔接的检验标准、衔接的总结与调整等几个方面。制定各专业的"三二分段"衔接方案,对衔接专业的课程设置及人才培养要求做出明确、翔实的规定;明确中职阶段与高职阶段需取得的职业资格证书的等级划分;实施"三二分段"招生形式,专业衔接基本顺畅。集团对中高职衔接形式的探索主要包括招生考试政策与制度的衔接、学制体系管理与学分制实施、学校的教学制度衔接、成立高职预科班等。

4.3.3 订单班人才培养规模生态,职业素养显著提升

重庆电子信息职业教育集团联合校企建立订单班 20 个,联合培养学生 813 名。结合重庆产业布局,将通信工程设计与监理、光电显示技术、工业机器人技术、汽车制造与装配技术、广播影视节目制作、软件技术 6 个专业作为现代学徒制试点,学校层面制订相关制度 12 个,联合企业开发人才培养方案 6 份,修订完善专业、课程、岗位、师傅等标准 54 个。通过现代学徒制试点的工作探索和实践,在培养学生职业素养方面效果显著,进一步修订和完

善了人才培养制度,促进了"双师型"师资队伍建设,牵头制定了多项专业标准,开发了多个资源库,编著了多本特色教材,校企联合培养学生岗位技能不断提升。

4.3.4 引入全价值链"1+1+n"协同育人新理念

集团以全价值链"1+1+n"为人才培养新理念,率先建立了"重电-长安校企联盟""重庆通信行业校企合作联盟",而后推广建立了"重电-华为ICT校企联盟"等6个其他校企联盟组织。在长达6年的实践探索中,课题组成员先后发表了全价值链协同育人的核心期刊科研论文多篇,特别是在《光明日报》发表了高水平的《全价值链下的校企战略联盟》权威期刊论文,系统地总结了产教融合、协同育人的重大理论创新成果,被求是网、中国社会科学网等重要媒体网站全文转载,社会影响成效显著。

4.3.5 首创校企联盟"3·3·3"人才培养新模式

重庆电子信息职业教育集团在全价值链理论的指导下,整合龙头企业及其上下游企业资源,首创"3·3·3"人才培养模式。通过"三对接"解决培养目标与产业链需求脱节的问题,通过"三课程"解决课程体系与岗位群需求脱节的问题,通过"三证书"解决学校教育与再提升需求脱节的问题,从而形成同一价值链上下游企业全过程、全方位参与人才培养的良好格局。

4.3.6 非学历人才培养成效显著

2015年10月至2019年4月,非学历教育重庆电子工程职业学院共开设了汽车检测与维修、工商企业信息管理、建筑施工与预算、会计、软件技术、国际软件技术、电子商务、营销与策划、计算机应用与维护等十余个专业,累计培训329 456日人次,如表4-5至表4-8所示。

表4-5 非学历教育2015年10—12月统计表

序号	培训方向	人数	人数/日人次	培训周期	培训时间
1	2013电子商务	53	2 544	48天	10—12月
2	2013动漫设计与制作	42	2 016	48天	10—12月
3	2013软件技术	19	912	48天	10—12月
4	2013营销与策划	51	2 448	48天	10—12月
5	2013会计	43	2 064	48天	10—12月
6	2013建筑施工与预算	76	3 648	48天	10—12月
7	2013通信技术	11	528	48天	10—12月
8	2013计算机应用与维护	12	576	48天	10—12月
9	2014电子商务	51	2 448	48天	10—12月
10	2014动漫设计与制作	48	2 304	48天	10—12月
11	2014软件技术	18	864	48天	10—12月
12	2014营销与策划	38	1 824	48天	10—12月

续 表

序 号	培训方向	人 数	人数/日人次	培训周期	培训时间
13	2014 会计	45	2 160	48 天	10—12 月
14	2014 环境艺术设计	8	384	48 天	10—12 月
15	2014 机电一体化技术	2	96	48 天	10—12 月
16	2014 计算机应用与维护	32	1 536	48 天	10—12 月
17	2014 建筑施工与预算	75	3 600	48 天	10—12 月
18	2014 汽车检测与维修	22	1 056	48 天	10—12 月
19	2014 图形图像制作	4	192	48 天	10—12 月
20	2015 电子商务	85	4 080	48 天	10—12 月
21	2015 动漫设计与制作	22	1 056	48 天	10—12 月
22	2015 软件技术	89	4 272	48 天	10—12 月
23	2015 会计	26	1 248	48 天	10—12 月
24	2015 计算机应用与维护	18	864	48 天	10—12 月
25	2015 建筑施工与预算	38	1 824	48 天	10—12 月
26	2015 汽车检测与维修	35	1 680	48 天	10—12 月

表 4-6 非学历教育 2016 年统计表

序 号	培训方向	人 数	人数/日人次	培训周期	培训时间
1	2013 电子商务	53	2 544	48 天	1—6 月
2	2013 动漫设计与制作	42	2 016	48 天	1—6 月
3	2013 软件技术	19	912	48 天	1—6 月
4	2013 营销与策划	51	2 448	48 天	1—6 月
5	2013 会计	43	2 064	48 天	1—6 月
6	2013 建筑施工与预算	76	3 648	48 天	1—6 月
7	2013 通信技术	11	528	48 天	1—6 月
8	2013 计算机应用与维护	12	576	48 天	1—6 月
9	2014 电子商务	51	9 180	180 天	1—12 月
10	2014 动漫设计与制作	48	8 640	180 天	1—12 月
11	2014 软件技术	18	3 240	180 天	1—12 月
12	2014 营销与策划	38	6 840	180 天	1—12 月
13	2014 会计	45	8 100	180 天	1—12 月
14	2014 环境艺术设计	8	1 440	180 天	1—12 月
15	2014 机电一体化技术	2	360	180 天	1—12 月
16	2014 计算机应用与维护	32	5 760	180 天	1—12 月
17	2014 建筑施工与预算	75	13 500	180 天	1—12 月
18	2014 汽车检测与维修	22	3 960	180 天	1—12 月

续 表

序 号	培训方向	人 数	人数/日人次	培训周期	培训时间
19	2014 图形图像制作	4	720	180 天	1—12 月
20	2015 电子商务	85	15 300	180 天	1—12 月
21	2015 动漫设计与制作	22	3 960	180 天	1—12 月
22	2015 软件技术	89	16 020	180 天	1—12 月
23	2015 会计	26	4 680	180 天	1—12 月
24	2015 计算机应用与维护	18	3 240	180 天	1—12 月
25	2015 建筑施工与预算	38	6 840	180 天	1—12 月
26	2015 汽车检测与维修	35	6 300	180 天	1—12 月
27	2016 电子商务	60	5 400	90 天	9—12 月
28	2016 软件技术	52	4 680	90 天	9—12 月
29	2016 会计	31	2 790	90 天	9—12 月
30	2016 建筑施工与预算	16	1 440	90 天	9—12 月
31	2016 汽车工程	31	2 790	90 天	9—12 月

表 4-7 非学历教育 2017 年统计表

序 号	培训方向	人 数	人数/日人次	培训周期	培训时间
1	2014 电子商务	51	2 448	48 天	1—6 月
2	2014 动漫设计与制作	48	2 304	48 天	1—6 月
3	2014 软件技术	18	864	48 天	1—6 月
4	2014 营销与策划	38	1 824	48 天	1—6 月
5	2014 会计	45	2 160	48 天	1—6 月
6	2014 环境艺术设计	8	384	48 天	1—6 月
7	2014 机电一体化技术	2	96	48 天	1—6 月
8	2014 计算机应用与维护	32	1 536	48 天	1—6 月
9	2014 建筑施工与预算	75	3 600	48 天	1—6 月
10	2014 汽车检测与维修	22	1 056	48 天	1—6 月
11	2014 图形图像制作	4	192	48 天	1—6 月
12	2015 电子商务	85	15 300	180 天	1—12 月
13	2015 动漫设计与制作	22	3 960	180 天	1—12 月
14	2015 软件技术	89	16 020	180 天	1—12 月
15	2015 会计	26	4 680	180 天	1—12 月
16	2015 计算机应用与维护	18	3 240	180 天	1—12 月
17	2015 建筑施工与预算	38	6 840	180 天	1—12 月
18	2015 汽车检测与维修	35	6 300	180 天	1—12 月
19	2016 电子商务	60	10 800	180 天	1—12 月

续 表

序 号	培训方向	人 数	人数/日人次	培训周期	培训时间
20	2016 软件技术	52	9 360	180 天	1—12 月
21	2016 会计	31	5 580	180 天	1—12 月
22	2016 建筑施工与预算	16	2 880	180 天	1—12 月
23	2016 汽车工程	31	5 580	180 天	1—12 月

表 4-8 非学历教育 2018 年统计表

序 号	培训方向	人 数	人数/日人次	培训周期	培训时间
1	2015 电子商务	85	4 080	48 天	1—6 月
2	2015 动漫设计与制作	22	1 056	48 天	1—6 月
3	2015 软件技术	89	4 272	48 天	1—6 月
4	2015 会计	26	1 248	48 天	1—6 月
5	2015 计算机应用与维护	38	864	48 天	1—6 月
6	2015 建筑施工与预算	38	1 824	48 天	1—6 月
7	2015 汽车检测与维修	35	1 680	48 天	1—6 月
8	2016 电子商务	60	10 800	180 天	1—12 月
9	2016 软件技术	52	9 360	180 天	1—12 月
10	2016 会计	31	5 580	180 天	1—12 月
11	2016 建筑施工与预算	16	2 880	180 天	1—12 月
12	2016 汽车工程	31	5 580	180 天	1—12 月

4.4 深入推进产学研合作,助推科研成果转型升级

产学研合作涉及经济、科技、教育等诸多方面。集团在政府、各种政策的大力推进下,在国内中高本理事成员、国外校企理事成员、产业行业联盟及各专业委员会和工作委员会的积极参与下,在社会各界的关心支持下,重庆电子信息职业教育联盟在产学研工作上取得了令人瞩目的成绩,攻克了一批产业关键共性技术难题,促进了一批科技成果转化,并通过深化区域经济体制改革,进一步促进了重庆科技与经济的有机结合。其成效主要体现在技术开发、科研成果转化、职业技能鉴定等领域,实现技术技能积累,对接产业发展、岗位变化的新工种开发和培育,校企文化有机融合,建设产学研一体化研发中心和共享型教学团队、名师工作室和大师工作室等。

4.4.1 积极推进"1+X"证书,职业技能水平稳步提升

集团成员学校探索将证书考核内容融入日常课程,以课程考试逐步替代证书考试,学生

课程考试合格后即可获得对应的职业资格证和企业能级证,避免重复学习和考试,实现不同证书间的融通。96%的汽车、通信专业学生,在校期间获得了职业资格证、企业能级证。重庆电子工程职业学院还与长安汽车、中兴通迅及其上下游企业建立起学生发展的长效机制,企业要求毕业学生继续回校培训,考取更高级别的职业资格证和企业能级证,以此获得更多的晋级、加薪机会。在"1+1+n"校企联盟模式下,"三证"融通晋级能够更好地促进学生能力持续提升,从而将学校教育与终身教育有效衔接。集团理事单位建立了重电-华为ICT校企合作联盟等6个校企联盟组织,2013—2018年组织各类培训和技能鉴定22 585人次,技术服务创收共计10 262万元,在重要学术会议发言42次,赴高职院校、企业峰会等做经验分享80余场次,在珠海城市职业技术学院、西南交通大学等102所高校借鉴交流经验。

4.4.2 共建共享师资队伍,提升国际化育人质量

为适应电子信息产业迅猛发展的态势,集团积极打造高素质育人队伍。一是制订教师行业职业资格认证计划,每年派出多名教师到华为等企业参加与ICT相关的行业认证课程培训。有多名教师获得了华为HCIE(专家级工程师)和NP(中级工程师)培训证书。二是利用暑期前往ICT行业企业进行实习实践,企业和学校共同培养教师,提升教师职业技能,使教师更加了解行业需求和发展情况。三是建设行业兼职教师人才库,实施"工程师进课堂"。聘请行业专家,承担专业课程教学和工程实践指导,参与专业实践性教学内容改革。集团吸收法国、韩国、泰国、马来西亚等国的高校加入,派出20余名教师赴法国亚眠大学留学研修,提升教师国际化视野,提升教学质量。

4.4.3 合作共建产学研创新平台,孵化引领产学研互兴

集团理事长单位重庆电子工程职业学院秉承深化产教融合、强化智能引领,充分发挥高校、科研院所和企业的科研力量,整合学校、企业优势资源,完善科研仪器设备,校企共建"ICT行业创新基地",引进优质企业入驻学校,建成通信设计工作室、信息化工作室、信息系统应用咨询服务工作室、网优工作室、大数据分析工作室等生产性实训中心,校企共同开展技术研发、技术培训、技术服务、创新创业等,提升学生技术技能和创新创业能力,孵化一批创新企业,实现科研成果与产业转化的有效结合。集团成立重庆市沙坪坝区人工智能学会,携手龙头企业华为推动重庆科学城人工智能科普基地在校的建设。自成立以来,集团承担各类技术培训研发项目230多项,收入2 800多万元;获得中兴通讯、重庆铁塔、广州粤嵌等企业的捐赠690多万元;申报各类教科研课题超过10项,获得授权专利30余项。

4.5 构建"三位一体"产教融合新格局

近年来,重庆电子工程职业学院创新"产权介入、效益分享"机制,深化"平台+实体"职教集团运行模式,建立了职教集团、校企联盟、产业学院"三位一体"产教融合体系,主动服务国家战略、区域经济社会发展。

一是突破资源整合瓶颈,打造产学研命运共同体。牵头组建重庆电子信息职业教育集团,共同发起成立"长江经济带产教融合发展联盟"和"成渝地区双城经济圈产教融合发展联

盟",不断凸显职业教育在区域经济社会发展中的责任与担当。构建基于相互需求、技术融入与效益分享的"管理、专业双平台＋产业学院、实训基地双实体"集团化办学运行机制,发挥企业投身职业教育主体的作用,带动区域信息类职业院校协同发展,实现多主体资源共建共享。

二是划分专业集群,打破校企"表层"合作。重庆电子工程职业学院坚持"以电子信息为特色、智能化为引领",面向"芯屏器核网"智能全产业链、"云联数算用"要素集群、数字经济等重庆市重点产业,对接区域"产业链、技术核、职业域",升级重构涵盖电子信息、智能制造、财经商贸等专业大类的12个专业群,以重点专业群为基础,先后牵头成立了"重电-华为ICT联盟""全国信息安全与云计算校企联盟"等6个专业集群层面的校企联盟,建立了"三共三享三自主"人才培养机制,通过校企共同投入、共同建设、共同管理、互享资源、互享人才、互享成果,打造校企命运共同体。

三是共建产业学院,致力培养精英人才。积极开展混合所有制高职院校理论与实践研究,联合长安集团、海尔集团等国内知名企业先后共建了"重电-长安智能制造学院""重电-海尔智能电子学院"等9个具有混合所有制特征的产业学院;依托于"重电-长安智能制造学院",建立"四共五介入"校企合作机制,以提高人才培养的质量,为地方经济建设添砖加瓦。

4.5.1 携手华为,三联四建三育,助力ICT产业链蓬勃发展

一、建设背景

为贯彻落实《教育部关于深入推进职业教育集团化办学的意见》(教职成〔2015〕4号),在《重庆市人民政府办公厅关于深化产教融合的实施意见》的指导下,重庆电子信息职业教育集团在2016年12月由重庆电子工程职业学院牵头组建,并在2018年4月于重庆市教委正式备案。自成立以来,集团理事长单位——重庆电子工程职业学院始终坚持"互通信息、多方共赢"的初心,不断壮大集团规模,使其发展至162家成员单位。一是联合10所国外、3所国内本科、20所国内专科、18所国内中职等51所学校,共同探索人才培养体系;二是联合华为技术有限公司、重庆长安汽车股份有限公司等101家知名企业,共建共享教育教学资源;三是联合"中国通信工业协会信息安全与云计算校企联盟""重庆电子信息技术职业教育指导委员会""重庆通信行业校企联盟"等10个行业专业联盟,共同制定电子行业标准体系。

集团成立以来硕果累累,建成了"海尔智能电子学院"等产业学院十余个,成立了"国际合作交流工作委员会"等专委会二十余个,在国际、国内"政校企行"各类合作中取得重大突破和突出成绩。其中,以重点专业群为基础,分层分块推进电子信息产业职业教育方面尤其突出。根据信息通信技术(ICT)行业"云-管-端"的架构,以服务于管道层的通信技术、通信系统运行管理两个专业为核心,带动和辐射服务于云端应用层的移动通信技术、物联网应用技术、云计算技术与应用、大数据技术与应用、通信工程设计与监理,形成了涵盖IP、IT、CT三个领域的信息通信技术专业群,扎根于ICT行业核心基础技术。2016年11月,华为ICT产业链校企联盟成立。2018年10月,集团与华为、泰克教育三方成立了具有混合所有制特征的"华为ICT学院"。职教集团、校企联盟、产业学院"三位一体"的产教融合体系日趋成熟,助力ICT信息通信技术产业链蓬勃发展。

二、实施过程

（一）校企共同建设实训共享基地，增强软硬件设施配置

集团始终认为职教离不开真实企业环境的技能训练。信息通信技术专业群从2012年开始与华为技术有限公司合作，成立了全球第一个"华为实训基地"和"华为认证培训中心"，并在2016年成立了"华为ICT应用型人才培养基地"和"华为信息与网络技术学院"。中央财政、重庆市政府、学校和企业先后投入了上千万元建成通信全网综合实训基地、华为实训基地、云计算与大数据中心、物联网应用中心。ICT应用技术实训基地是集学生技能训练、行业资格认证、职业技能鉴定、技术培训、技能竞赛、应用创新为一体的创新实训基地。集团与重庆地区通信行业企业合作，建设了20余家校外实习实训基地。截止到目前，集团先后与华为、长安汽车、京东方、京东、阿里巴巴等成员（或拟加入集团）企业共建11个产业学院、5个技能大师工作室、55个生产性实训基地、8个协同创新中心。

（二）校企共享人力、技术资源，建设专业教学资源，突破传统教学瓶颈

为培养满足市场需求的高技能型人才，使学生培养的环境和途径更符合企业用人需求，集团理事单位联合华为共同制定了ICT专业人才方案，建设专业课程体系，打造专业核心课程，开发工学结合、项目驱动的教材，共建职业资格认证资源，引入工程规范、工程案例、新技术发展趋势等教学资源。

通信系统运行管理专业结合ICT产业的发展，与行业企业共同召开专业建设指导研讨会，总结出通信系统运行管理专业技术服务类典型岗位对从业人员核心专业能力的要求，将华为的VC（视讯）、Transmission（传输）、Cloud（云计算）、LTE（第四代移动通信技术）、Storage（存储）、Security（安全）、Wlan（无线局域网）、R&S（路由交换）、AccessNetwork（宽带接入）认证的内容转化为课程体系中的9门专业必修和选修课程，"数据网组建与维护""存储网络组建与维护""云计算系统运行与维护"核心课程教学全部采用华为设备的真实教学环境，支撑专业的技能培养。

集团利用企业、行业优势，制定了通信系统运行管理、计算机网络技术、信息安全与管理、物联网应用技术、光电技术应用、应用电子技术等专业教学标准，制定了人才培养方案6个，修订完善了专业、课程、岗位标准54个，开发了工学结合教材18部。

（三）依托华为，建设科研创新平台，占领技能人才高地

依托华为，在万盛经开区成立了重庆电子工程职业学院ICT研究中心。随着5G技术的普及，未来金属后盖出现的可能性将大大降低，3D盖板玻璃是OLED之外下一个大趋势。万盛经开区成功引进了3D盖板玻璃、液晶模组总成及大尺寸触摸屏项目，有利于进一步完善电子信息配套行业，加快形成智能终端产业集群。

三、特色与创新

在特色与创新方面，集团在以下三个方面取得长足发展。

（一）大力实施"三共三享"校企合作模式

在现有校企合作的基础上，深化改革校企合作体制机制，对信息通信技术专业群实施共同投入、共同建设、共同管理、互享资源、互享人才、互享成果的"三共三享"的校企合作模式。一是校企共建 ICT 相关专业,培养行业所需的紧缺人才。校企共同开展行业企业调研,开发专业群人才培养方案、核心课程标准、毕业标准,整合企业资源,开展多元化人才培养模式,探索个性化行业精英人才培养模式,形成与产业高度融合、与岗位能力高度匹配、与企业直接对接的大数据智能化人才培养标准和体系。二是校企共享人力、技术资源,共同打造优质教学资源。以"系统规划、校企联动、重在应用"为原则,建设涵盖信息通信技术专业群的核心工作岗位,尤其是建设培养大数据智能化人才所需的课程教学资源、职业资格认证培训资源以及行业资源,同时依托校企共建 ICT 创新创业基地和混合所有制二级学院,实现优质教学资源随建随用、共建共享,使之既可用于教师与学生的课程教学、专业发展、人才培养,也可服务于从业人员终身教育。三是制定合理的教师技术技能提升和社会服务的考评、监督制度,通过技术培训、职业资格认证、顶岗实践、校企双向流动、信息化教学改革等措施,培养一批专、兼职结合的"双师双能"型高水准师资队伍,建设并完善涵盖专业群各专业的企业师资储备库,大幅度提升企业工程师进课堂的授课比例;同时,依托行业龙头企业华为,重点培养部分外语能力突出的教师,对"一带一路"沿线国家开展技术培训和项目合作。

(二)多方协同,共建共享集团教育资源

将学校的创新创业中心和集团的校企资源结合起来,对资源进行有效整合,引进优质企业入驻学校,校企共同建立与大数据智能产业紧密联系的科研或社会服务项目组,共同开展科研、创新创业、技术服务等项目合作,通过"产学研用"平台和"ICT 行业创新基地",深化产教融合。学校与企业、学校与学校、企业与企业之间进行教学成果或专业技术交流。学校主要为企业提供员工培训、技术攻关支持以及优质人力资源补充等服务;企业则为学校学生提供稳定的校外实习基地、学生就业岗位,以及提供行业兼职教师支持、教师到行业锻炼支持,并且企业技术专家还会参与本专业人才培养方案的制订、实训基地建设、课程建设与专业课程教学等。企业技术专家还定期到学校开展新技术、新设备、新工艺等学术讲座,专业教师定期到企业进行行业调研、行业锻炼,不仅能密切关注到 ICT 行业新技术的发展动态,还能提高教师的专业技术水平。集团成员共同参与技能大赛、讨论专业建设、共同编写教材等,与专业领域会联系得更加紧密。

(三)深化校企合作、产教融合,实现"1+1>2"的效果

集团立足地方经济,服务地方,开启深度合作新模式。为助力万盛经开区信息产业发展和城市转型,重庆电子工程职业学院、浙江华为通信技术有限公司、中国信息通信研究院西部分院、万盛经开区四方合作共建了"一分院三基地一中心",由重庆电子工程职业学院万盛 ICT 分院、重庆电子工程职业学院 ICT 研究中心、华为万盛 ICT 人才培养基地、中国信息通信研究院西部分院创新创业培训基地、万盛经开区 ICT 培训基地组成,共同开展电子信息技术中职学历教育和 ICT 电子信息技术在岗人员技能提升、技能等级培训和岗前培训。一是制订中高职衔接人才培养计划、ICT 专业课程计划,提供在线课程资源共享,打造优质教学资源;二是着力提高"万盛 ICT 分院"电子信息类师资的专业水平和行业实践能力,打造高水平的中职教育师资;三是联合龙头企业,选派技术专家、职教专家,提供专业技术和教学

支持服务;四是协助地方为万盛经开区ICT相关培训基地尽力提供师资保障和技术支撑,为电子信息产业输出"万盛人才"。

四、运行成效

在集团化办学的运行成效上,培育"国内外政校企"技能人才,建立"中高本贯通式"人才培养体系,服务区域ICT产业生态链。

（一）培育"国内外政校企"技能人才

集团与国内电子信息龙头企业华为在国内外专业技术人员ICT技术培训、人才培养需求调研及学生就业等方面开展合作,在产教融合上力求最大创新和共赢。2018年,集团联合华为、泰克教育全方面开展合作,对10余名来自巴基斯坦政府和高校的高级技术人才完成了华为R&S资深工程师路由交换培训;同时,对中国教学仪器设备有限公司员工、中国铁塔股份有限公司重庆市分公司员工开展ICT专业技术培训。集团利用国际化教学资源,累计派出30余名学生前往马来西亚博特拉大学交换学习,拓展学生国际视野;组织集团成员单位重庆工程职业技术学院、重庆工业职业技术学院联合开展留学生招生,接收来自东南亚和中亚20余个国家的长短期留学生和在职培训人员300余人。截止到目前,集团为企业培训员工3 200人次,面向社会开展培训12 000余人次,开展技能鉴定10 000余人。

（二）建立"中高本贯通式"人才培养体系

集团成立了"中高本衔接工作委员会",专门负责"3+2"和五年一贯制中高职衔接和与应用型本科专业对接。校企共同探索贯通式人才培养模式,联合专委会、中职、高职、应用本科学校及电子信息行业企业专家,根据"市场导向确定专业定位,校企互动制订人才培养方案"的专业建设思路,系统构建中职升高职、高职升本科贯通式人才培养"立交桥"。重庆万盛经开区职教中心等10多所中职学校与集团成员的高职院校合作办学,联合开展了"3+2"人才培养,理事长单位与重庆立信职教中心开展了"五年一贯制"电子信息工程技术专业人才培养,与重庆邮电大学开展了"应用本科"的合作。集团成员中高职衔接贯通专业达40余个,学生有2 000多人。

（三）服务区域ICT产业生态链

发展数字经济是促进经济转型升级的必由之路。以人工智能、大数据、云计算、物联网等为代表的新一代信息技术已经全面融合渗透到经济社会生活的各个领域,推动各行业各领域加速向数字化、网络化、智能化转型。重庆电子工程职业学院连续在2016年、2017年、2018年三年被评为"优秀华为信息与网络技术学院"(国内唯一高校获此殊荣)。华为ICT人才联盟双选会重庆电子工程职业学院专场在重庆电子工程职业学院成功召开,搭建了ICT领域企业与求职者之间的桥梁,精确匹配人才供给双方的需求,为华为ICT学院的毕业生及华为认证人士提供就业指导。集团与万盛区职教中心签订了合作协议,向万盛ICT分院、万盛经开区ICT培训中心、万盛经开区ICT实训基地提供技术咨询等重点服务,助力区域ICT经济发展。

五、未来展望

集团坚持以服务发展为宗旨,以促进就业为导向,以建设现代职业教育体系为引领,以提高技术技能人才培养质量为核心,以深化产教融合、校企合作,创新技术技能人才系统培养机制为重点,充分发挥政府推动和市场引导作用,鼓励国内外职业院校、行业、企业、科研院所和其他社会组织等各方面力量加入集团,全面增强职业教育集团化办学的活力和服务能力,助力区域ICT经济蓬勃发展。

(一) 全面完善集团机制和治理结构

集团成员吸引行业、企业、学校、科研院所和社会组织等多元主体,建立共同决策的组织结构和决策模式,完善机构运行、经费运行、考核情况、激励情况的制度建设,以及集团内部治理结构和决策机制的完善,有利于促进集团成员的深度合作、紧密运行和协同发展。

(二) 全力推进资源共建共享

资源整合能力反映集团资源的综合利用程度,是考查集团有效性的重要指标。有效整合集团内的职业教育资源,实现在人力资源、设备资源、资金资源、市场资源、技术资源和文化资源等方面的共建共享,促进职业院校、行业、企业和区域之间的资源共享、优势互补、共同发展。

(三) 全方位提升集团综合质量

集团实行校企合作育人,共同促进教学内容及时反映ICT产业发展需求、区域特点和时代特色。集团服务国家、区域发展战略,为区域经济提供强力人才支撑。发挥ICT行业企业在职业教育办学中的参与和主体作用,促进职业院校与行业企业紧密联系。

4.5.2 共投共管共营共享,建设"混合所有制"产业学院

一、建设基础

重庆电子工程职业学院与重庆长安汽车股份有限公司、北京京东世纪贸易有限公司、重庆华龙网集团股份有限公司、中鸢文化传媒(重庆)股份有限公司、国家康复辅具研究中心、重庆市筑云科技有限责任公司等建立了长期校企合作关系,签订了长安汽车大学智能制造工程学院、京东产业学院合作协议,并开始建设,拥有建筑智能化工程技术专业职业教育实训基地、长安汽车校企实训基地、VR+数字创意产业研究基地、机器人技术应用生产性实训基地,校企共同制定人才培养方案、课题体系,联合培养技能人才,联合开展社会服务,联合承办国培、市培、大赛,拥有一批"双师双能"师资队伍,长期服务于汽车产业、电子商务、数字创意、数字建造、医养康产业,为产业学院的建设打下了坚实基础。

二、建设思路与目标

(一) 建设思路

校企双方通过"共投、共管、共营、共享"的校企合作模式,建设"混合所有制"产业学院,双方以有形或无形资源实现产业学院的共同投入,成立组织机构,共同管理,在专业设置、人才培养、实习实训、技能鉴定、科技研发、技术培训、国培和市培等领域全面开展运营,实现利

润共享。校企合作模式如下。

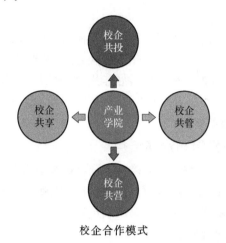

校企合作模式

（二）建设目标

2022年的建设目标为1所国家级、4所省级产业学院，并把办学模式、人才培养方案、课程资源、师资团队在全国范围内推广应用，打造可复制、跨行业应用的校企合作品牌。远期目标即到2035年，产业学院的产教融合实施经验起到示范引领作用，能够辐射到国际范围并推广应用，形成具有中国特色的校企合作产业学院。

三、重点任务与举措

校企共建长安汽车大学智能制造工程学院、VR+数字创意产业学院、京东产业学院、数字建造产业学院、医养康产业学院，通过共建专业、共建课程、共建教材、共培师资、共建基地、共建平台，实现学生、员工、师资、社会人员的联合培养，搭建现代职业教育人才培养"立交桥"，实现人才培养与创业就业无缝对接，培养全国技术能手，重庆市五一劳动奖章、青年岗位能手获得者，深入校企合作，提升校企合作水平。重点任务与举措如下。

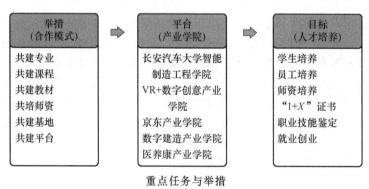

重点任务与举措

四、实施效果

建立一个国家级产业学院、4个市级产业学院，成立学院组织机构，并建设全国产教融合"样板点"；探索"订单班＋现代学徒制＋新型学徒制＋精英人才试点班＋工匠型人才培养工坊＋大师工作站"的多元化人才培养模式；开展学生培养、员工培训、师资提升、技术开发、技术服务、技能大赛、创新创业等合作。提高校企合作水平预期标志性成果如表 4-9 所示，建设进度如表 4-10 所示。

表 4-9 提高校企合作水平预期标志性成果

子项目名称		预期标志性成果名称	国际级	国家级	省部级	改革突破	人数	创收/万元
职教集团	内部治理结构	优化集团组织机构						
		引进海外优质企业，吸入国内500企						
	健全运行机制	会商机制						
		决策机制						
		考评机制						
		奖惩机制						
产业学院（共建共享）	合作共建产业学院	产教学院个数		2	3			
		产教学院学生人数					3 600	
	资源共建共享进展	专业共建共享		1	4			
		师资共培共享					50	
		课程共建共享	1	1	2			
		教材共建共享		1	16			
		实训基地共建共享		1	4			
		资源库(平台)共建共享		2	4			
	人才培养质量成果	校企联合培养人次					4 000	
		集团内企业为学生提供实习实训岗位个数					2 000	
		搭建现代职业教育人才培养"立交桥"个数		2	3			
		产业急需人才培养人次					2 300	
		学生成功创业企业个数					50	
		创新创业学生团队个数		2	3			
		全国技术能手		2				
		重庆市五一劳动奖章			1			
		校区合作国际化人才培养人次	50					
		"1+X"证书培训人次					3 500	
		培训创收						1 000
政园校企行	产学研合作	职业技能鉴定标准个数						
		建设产学研一体化研发中心						
		集团内部校企合作专利数						
		集团内部校企合作成果转化项目数						
		校校、校地合作个数						

续表

子项目名称		预期标志性成果名称	国际级	国家级	省部级	改革突破	人数	创收/万元
实训基地	社会服务	双基地个数						
		实训基地个数						
		创新基地个数						
		协同创新基地个数						
		海外基地个数						
		非学历人才培养项目个数						
		国家培训项目个数						
	精准扶贫	定向扶贫个数						
		学生扶贫人数						
	服务国家发展战略	"一带一路"引进国外留学生人数						
		"一带一路"国家学生来校国际长短期游学人数						
		国际化人才培养基地						
	服务就业创业	院校为集团内企业职工培训次数						
		成功孵化学生创新创业项目个数						
		创新创业基地个数						

五、保障措施

重庆电子工程职业学院将分别成立专门的工作小组和项目审计小组,有专门的项目管理监管机构按照学校出台的项目管理办法加强项目质量管理,同时按照学校项目经费管理政策进行一定的资金补助,保障项目的顺利开展。

4.5.3 双高计划"提升校企合作水平"

一、思路与目标

对标对表《国家职业教育改革实施方案》和《国务院办公厅关于深化产教融合的若干意见》,按照重庆市以大数据智能化为引领的创新驱动发展战略行动计划,围绕重庆市重点发展的"芯屏器核网"产业,探索共建、共享、共生、共度的专业联盟＋产业学院＋实训基地"三位一体"产教深度融合的集团化办学"重电经验",带动巫溪、秀山等重庆边远山区职业教育的发展,与电子物联网等行业、长安集团等领军企业、高新区金凤电子信息产业园等园区、信息安全应用等科研院所深度融合,探索构建"行企园所校"命运共同体。

2022年,重庆电子信息职业教育集团在集团的实体化运作、专业联盟的辐射带动成效、产业学院的混合所有制探索、实训基地的运营模式方面实现了新突破。将重庆电子信息职业教育集团建成国家级示范性职教集团,探索产权、介入技术融入现代产业学院,携手华为技术有限公司、泰克教育集团,通过资金、技术、场地、资源等共同投资,建成多元化投入、

表 4-10 建设进度表

序号	建设任务		2019 年	2020 年	2021 年	2022 年
1	产业学院	数字建造产业学院	建立 BIM 工程中心工作室，完成硬件设备配套	形成具有 6 名教师、10 名学生规模的工程中心	形成具有 10 名教师、20 名学生规模的工程中心。建立满足 200 人同时使用要求的 BIM 虚拟仿真实训室	成为教育部"1+X"示范基地
			校企联合培养"双师型"师资队伍，共 5 人	培养一批有 BIM 工程能力的教师 10 人，学生 30 人的固定技术服务和研究团队	完成 BIM 技术服务 50 万元产值	将学生实训与工程中心结合，服务日常教学活动
					成立 BIM 社团	获得国家级奖项不低于 1 项，省部级奖项不低于 3 项
					基于新型教学资源和实训室内容，编写 3 门课程的新的教材体系和内容	社团规模为 100 人，工程中心进行项目服务和教学辅助服务活动
						争取省部级教学成果奖 1 项。培养 5~8 名具有 BIM 实践工程经验的教师骨干
						订单班人数为 40 人。"1+X"证书全覆盖
2	产业学院	京东产业学院	制定产业学院章程	组建董事会、股东大会、监事会，建立产业学院治理机构，进一步探索产业学院办学、投资、治理、运行等体制机制	逐步完善产业学院办学、投资、治理、运行等体制机制	逐步完善产业学院办学、投资、治理、运行等体制机制
			事业部制度建设	开展员工培训、社区教育、终身教育以及招收海外留学生、交换生、短期培训生等。生源数量为 1 000 人。开发电商、市场营销等教学资源。开发职业资格证书以及行业标准	招收全日制学历生。开展员工培训，社区教育、终身教育以及招收海外留学生、交换生、短期培训生等。生源数量为 1 500 人。开发电商、市场营销等教学资源，申报教学资源库建设。针对"一带一路"沿线国家，开发双语课程 2 门。开发职业资格证书 1 项。开发教材 1 本	招收全日制学历生。开展员工培训，社区教育、终身教育以及招收海外留学生、交换生、短期培训生等。生源数量为 1 500 人。开发电商、市场营销等教学资源，完善教学资源库建设。针对"一带一路"沿线国家，开发双语课程 2 门。开发职业资格证书 1 项。开发教材 1 本
				开展科学研究、技术攻关、申报科研项目等	开展科学研究、技术攻关、申报科研项目 1 项，申请专利 1 项	开展科学研究、技术攻关、科研成果转化

续表

序号	建设任务		年度目标			
			2019年	2020年	2021年	2022年
3	产业学院	医养康产业学院	首先成立智能医疗/康复器械研究所、眼视光研发中心	组建重庆市医养康职教集团	申报省部级医疗/康复器械科研平台	2022年前，让有条件的老师申报省部级及以上人才称号2项，申报国家教学资源库
4	产业学院	数字创意产业学院	进行企业调研及共建产业学院意向书	VR＋数字创意产业学院组建方案	产教融合下的产业学院运营模式	VR＋数字创意产业学院机制体制建设全面
			制定VR＋数字创意人才培养方案	课程体系建设及课程标准建设	教学模式改革	行业企业培训技术人才力争1 000人
			建设数字内容库	VR＋数字创意创新创业人才孵化平台建设	VR＋数字创意项目转化平台建设	推动商品化项目成果转化8项，力争经济效益突破200万元
			建设校企专家工作站	企业技能大师培育及"双师双能型"教师培养	教师国际合作与交流	技能大师工作站建设
			行业产业调研报告	校企共建产业学院发展基金	内部质量保障体系建设	可持续发展保障机制
5	产业学院	长安汽车大学智能制造工程学院	建立汽车制造与装配技术、汽车检测与维修技术理实一体化实训室，培训人数为200人，创收130万元	建立工业机器人、机电设备维修与管理一体化实训室，培训人数为200人，创收130万元	建立工业工程技术理实一体化实训室，培训人数为200人，创收130万元	建立机电一体化理实一体化实训室，培训人数为200人，创收130万元
			建设汽车制造与装配技术、汽车检测与维修技术课程资源	建设工业机器人、机电设备维修与管理课程资源	建设工业工程技术课程资源	建设机电一体化课程资源
			培养汽车制造与装配技术、汽车检测与维修技术师资团队	培养工业机器人、机电设备维修与管理师资团队	培养工业工程技术师资团队	培养机电一体化师资团队

标准化建设、区域化共享、市场化运作、公司化管理的一地多点、线上线下结合的实训基地，形成与华为等企业共建的高水平专业化产教融合实训基地的先进运营模式，形成集团化办学的重电经验、产业学院建设的重电经验、实训基地运营模式的重电经验。

二、任务与举措

（一）打造专业联盟＋产业学院＋实训基地"三位一体"的职教集团实体化运营新模式

1. 打造集团实体化运营新模式

重庆电子工程职业学院产教融合工作坚持以重庆电子信息职业教育集团为统领，以集团下设国际交流与合作、创新创业等工作委员会为运行保障，协调行、企、园、所、校等多方参与，共同打造以华为、京东、海尔、长安汽车等行业或地区领军企业为主，行业其他企业共同参与成立的产业学院、实训基地和专业联盟20个以上。

2. 完善重庆电子信息职业教育集团高向心力的制度设计

坚持国家级、重庆市示范性职教集团建设标准，以示范引领、合作共享共赢、内涵建设、定量考核4个维度，完善会商、决策、考评、引进与退出机制，率先在西南地区引入集团化办学的法人制度，打造电子信息类产业链上全价值共生共度产教联盟，实现重庆电子信息职业教育集团治理结构和体制机制的重大突破。

（二）以产业学院为载体，构建"行企园所校"命运共同体

1. 打造以商贸产业学院为代表的以"产权介入"为主的产业学院共建模式

尝试引入产业资本，探索具有"混合所有制"的办学形式，参照现代企业制度设计董事会/合伙人委员会的运行机制，形成专业群的多元办学格局，实现人才培养供给侧和产业需求侧结构要素全方位融合，为培养高素质技术技能人才发挥示范引领作用。探索"混合所有制"多元主体办学形式：京东/重庆商社/金蝶集团等产教融合型企业/基金出资3 000万～5 000万元，学校出资1 000万～2 000万元，引入（重庆）自由贸易试验区的西永综合保税区、西部现代物流园、仙桃谷大数据产业园以及重庆市永川经济技术开发区的场地设施和真实业务单元，"政园企校"以股份制/合伙人制联合组建"混合所有制"的商贸产业学院，定位为新型"学习工厂"，实行董事会/合伙人委员会的治理结构。重点突破"政园企校"以股份制/合伙人制联合组建"混合所有制"的组建方式和"双师型"教师的签约制改革。

2. 打造以长安汽车大学智能制造工程学院为代表的以"技术介入"为主的产业学院共建模式

双方共同以技术培训、技术服务、技术咨询、技术研发投入的方式建立产业学院，构建目标一致、认同一致、利益一致的重庆-长安校企合作命运共同体。开展教学实训、技能竞赛、培训鉴定、科技研发、就业创业及社会服务，形成政、企、校、院联动模式，推动"1＋X"制度有效实施，并将其推广到全国职业院校和"一带一路"国家，建成机制优越、体制创新、全国一流、服务"一带一路"倡议的产教融合型产业学院。投入方式如表4-11所示。

表 4-11 投入方式

投入方式	技术培训	技术服务	技术咨询	技术研发
重庆电子工程职业学院	培训师、场地、工具	开发团队、培训标准体系、课程体系、学习平台	咨询团队、场地、工具、技能大赛、技师沙龙等方案	开发团队、专用工具开发、检测设备开发测试
长安汽车	技能大师、技术骨干、车辆、汽车零部件	技能大师、技术骨干、车辆、汽车零部件	技能大师、技术骨干、车辆、汽车零部件	开发团队、新品技术资料、车辆、汽车零部件

3. 打造以数字建造产业学院为代表的以"资源投入"为主的产业学院共建模式

数字建造产业学院探索从教学内容及资源建设、教学体系建设、教学考核等多方面全面应用 BIM 方法和相关新技术手段;深化"引企入教"改革,充分发挥高校和企业在人才培养中的双主体作用;固化校企协同培养高职应用型人才的模式,进一步推进产教协同育人。

重点任务与举措是引企入校,试行校企共商、共建、共享机制;完善课程、专业等相关标准与行业标准融合对接,形成高层次应用型(校企联合)的人才培养体系;组建"BIM 学生社团",指导学生参加"BIM 竞赛";培养高水平"双师型"团队,校企共建 BIM 工程中心、创建教学资源、开发教材课程项目等并承担社会服务。

(三)共建共享产教融合实训基地,创新运营管理模式

1. 以 ICT 产教融合实训基地为代表的创培运营模式

以华为 ICT 技术为引领,重庆电子工程职业学院与泰克教育集团分别投入 2 000 万元,共同建立线下与线上相结合的产教融合实训基地,对外开展创新创业培训、创业项目孵化、职业资格认证培训和学生线下技能培训等服务项目,由校企共同成立运营公司,作为运营主体,由泰克教育集团负责运营,运营利润主要用于支持后续实训基地的持续发展,结余费用由重庆电子工程职业学院与泰克教育集团按照 4∶6 的比例进行分配。运营团队组织架构如下。

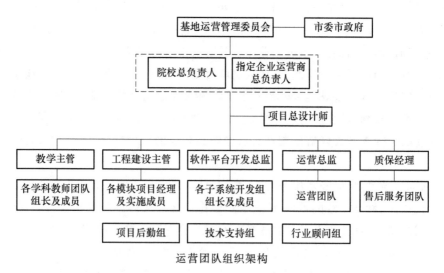

运营团队组织架构

2. 以数字贸易服务产教融合实训基地为代表的运营模式

联合阿里巴巴等行业领先企业,联结重庆西永综合保税区等地方产业园区,构建数字贸易实训联盟,创新运行机制,围绕"四中心一平台"和"产教协同五融合"共建共享数字贸易服务产教融合实训基地,全面推进校企协同合作育人。把基地建设成"产教服一体化"的具有辐射引领作用的高水平专业化国家级产教融合实训基地,助推基地入驻企业成为国家重点建设培育产教融合型企业,为提高国家数字贸易产业竞争力提供优质人才资源支撑,并具有先进的数字贸易服务能力和一定的国际影响力。

三、重点突破

打造重庆电子信息职业教育集团的专业联盟+产业学院+实训基地"三位一体"实体化运营新模式;打造以"商贸产业学院"为代表,以"产权介入"为主的共建产业学院新模式;打造以"长安汽车大学智能制造工程学院"为代表,以"技术介入"为主的共建产业学院新模式;打造以"ICT产教融合人才培养实训基地"为代表的创培运营新模式。

四、取得的成效

将市级示范性职教集团重庆电子信息职业教育集团建成国家级示范性职教集团;在电子信息和信息通信两个市级产教融合实训基地的基础上,将华为智联网产教融合实训基地建成国家级产教融合实训基地,与企业共建长安汽车大学智能制造工程学院,与园校共建重庆高新区金凤电子信息学院,与校地共建永川云计算学院。截止到2022年年末建成了产教联盟8个、产业学院10个、产教深度融合的实训基地1个、园区合作5个、领军企业20家、国家级成果2个,形成了"重电经验"3个。

4.5.4 集团与阿里云计算有限公司签约协同育人

2021年2月3日上午,重庆电子工程职业学院与阿里云计算有限公司签约洽谈会在博德楼会议室举行。阿里云智能副总裁李国欢、西南大区教育总监赵敏敏和教育副总监谭黎明、教育解决方案总监王石林、解决方案架构师王韬略以及阿里云授权合作伙伴重庆隆锦科技有限公司总经理钟世成出席会议。重庆电子工程职业学院校长聂强、党委副书记龚小勇、校企合作处处长莫绍强、人工智能与大数据学院院长武春岭、人工智能与大数据学院云计算系主任李腾等参加了签约洽谈会。会议由党委副书记龚小勇主持。

4.5.5 校企合力技术新,产教融合成效显著

2021年4月,2021年中国激光金耀奖颁奖典礼在上海举行。自2020年12月起,经过海选初审,共有65个参评产品进入最后评选,最终通过业界专家(70%权重)和网络投票(30%权重)共同选出优秀产品。由重庆电子工程职业学院和浙江光特科技有限公司共同研发的InGaAs大光敏面APD芯片获得"金耀奖"铜奖。这颗"重电芯"是国内职业院校首颗产业化高端芯片,有力地助推了芯片国产替代,为解决"卡脖子难题"贡献了重电智慧。重庆电子工程职业学院和浙江光特科技有限公司拥有芯片自主知识产权,学校和企业代表参加了此次颁奖。

重庆电子工程职业学院与阿里云计算有限公司签约洽谈会

2021上海光博会集中展示并涵盖了激光智能制造、激光器与光电子、光学与光学制造、检测与质量控制以及中国(上海)机器视觉展暨机器视觉技术及工业应用研讨会共五个展区、六大主题领域的创新产品及应用解决方案,聚焦汽车/轨道交通、生物光电子、医疗、模具、自动化、科研、3C电子等行业应用领域。展会为期3天,总展出面积达63500平方米,吸引了超1000家展商参展,超过60000专业观众到场参观。

颁奖现场

除了 InGaAs 大光敏面 APD 芯片获得"金耀奖"以外,校企双方还共同携新产品"硅光子集成芯片"亮相了上海光博会现场的金耀奖展示区。此款获奖高端芯片是由重庆电子工程职业学院、中电科技集团重庆声光电有限公司和浙江光特科技有限公司共同开发完成的。在展会上,该芯片得到了众多应用端客户的强烈关注,他们纷纷来到展位前,与芯片开发技术人员交流,同时表达了对于此款产品的合作意向。相信在不久的将来这款芯片就可以出现在数据中心、无人驾驶、3D 人脸识别及人工智能(AI)等众多行业领域的实际应用中。

100G 光模块性能发展情况

硅光芯片示意图

目前在光通信应用领域方面,传统光通信的核心部件为采取分立式结构的光模块,传统光模块主要是由Ⅲ-Ⅴ族半导体芯片、电路芯片、光学组件等器件封装而成,其在本质上还是属于电传输范畴。而随着晶体管的体积越来越小,传统Ⅲ-Ⅴ族光芯片速率达到 25 Gbit/s 时已趋近于传输速率极限,难以满足数据中心及电信市场的需求。

而硅光子集成芯片利用传统半导体产业非常成熟的硅晶圆加工工艺,在硅基底上利用蚀刻工艺可以快速加工大规模波导器件,利用外延生长等加工工艺,能够制备调制器、接收器等关键器件,最终实现将调制器、接收器以及无源光学器件等高度集成。一改以往器件分立的局面,在芯片层面就大幅度集中各个器件,其传输速率最低可达 100 Gbit/s。硅光芯片不仅有集成电路的超大规模、高精度的特性,还有光子技术的高速率、高稳定性、低功耗等优点。

相比于传统光模块,硅光子集成芯片体积大幅度减小,材料成本、芯片成本、封装成本均有望进一步优化。同时,硅光技术可以通过晶圆测试等方法进行批量测试,效率显著提升。因此,作为光模块替代品的硅光芯片将会凭借着自身的特性优势与前沿发展在数据中心以及电信市场抢占相当可观的市场占有率。

此次金耀奖获奖以及新品的亮相是重庆电子工程职业学院以及浙江光特科技有限公司长期深入合作的成果。重庆电子工程职业学院非常重视科学研究与技术创新,已建成硅光子人才培养与技术创新中心,拥有 160 平方米千级无尘室和用于 100/200/400/600 Gbit/s 硅光芯片的部分光和电性能测试及封装的设备。该中心由国家"千人计划"专家领衔,团队拥有世界一流的硅光子核心技术,主要负责硅光子集成芯片的设计以及部分封装和测试工作。在合作中,双方彼此高度信任,建立了稳定持续的交流机制,全力进行技术攻关,最终实现产品的上市,取得优异的成绩。不仅如此,在合作中还培养了多名硅光子集成芯片方面的科研助理,他们在校期间就加入了硅光子集成芯片开发的项目中,通过实际的动手实践,可使他们更好地消化专业知识,毕业后,直接到合作企业就业,能够很快地进入工作角色,实现产教协同育人。

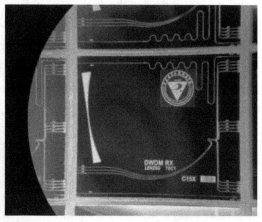

高端硅光子集成芯片展品

今后,双方将进一步深化校企合作,结合学校和企业在"产学研"方面的资源,充分利用优势互补,继续攻关硅光子芯片领域关键核心技术,打造硅光子芯片领域技术技能创新服务高地。依托硅光子的科研平台,重点培养硅光子专业型技术人才,带动周边院校及园区硅光技术、芯片技术方面的学术发展,实现重大原创研究成果的转移与转化,推动硅光技术产业化,开展产学融合,建立硅光子产学研基地,推进创新研究成果的转移和转化,带动硅光技术创新型技术技能人才的快速成长,助力西部(重庆)科学城区域产业转型升级和创新发展。

4.6 政园校企四方联动模式建设方案典型案例

一、建设基础

特色:2018年,重庆电子工程职业学院通信工程学院与万盛、华为、西部分院四方合作,为华为万盛分厂提供技术型人才,开展职校教师学历教育;我校与万盛职教中心打造"ICT"班级,共建"3+2"学制;与永川政府实现校地合作,共建永川云计算学院。依托政园校企资源,共成立7个产业学院;建立省部级及以上实训基地14个(其中3个国家级、11个省部级);获校企合作示范项目1项;建成校企合作双基地3个、创新基地4个、职教集团1个、省部级及以上大师工作室2个。

不足:未形成政园校企四方联动创新创业人才培养机制,与重庆区域经济社会发展需求的对接不够紧密,人才培养还未充分发挥区域资源优势,地区扶贫仍然停留在物资捐赠的初级阶段。

二、建设思路与目标

(一)建设思路

发挥政府对学校的主导、服务、支撑作用,构建政府(沙坪坝区政府、永川区政府、巫溪县政府、秀山县政府等)、产业园(永川大数据产业园、金凤电子信息园、西永微电子产业园、重庆西部物流园)、学校(重庆电子工程职业学院、地区中职学院、职教中心)以及企业(产业园区内企业)四方联动的模式,形成宏观层面政校企合作、协商、规划布局,中观层面园校企办学、校地服务模式探索,微观层面校企合作育人具体过程的三重层次,共同实现"教学、服务、生产、应用"的有机融合,促进地区产业结构升级、人力资源素质提升。建设思路如下。

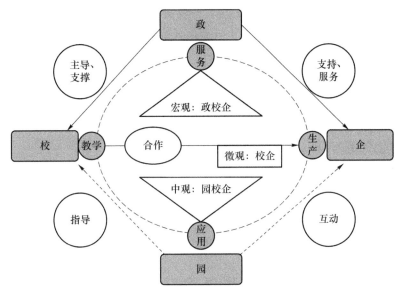

政园校企四方联动建设思路

(二)建设目标

深化政园校企四方联动协同机制改革,形成政府、产业园区、学校、园区内企业向心力,推动创新创业教育发展,促进校地合作扶贫攻坚工作开展。

(1) 共同打造国家级创新创业孵化基地 1 个。
(2) 培育国家级创新训练项目 1 项、国家级创业训练项目 1 项、国家级创业实践项目 1 项。
(3) 围绕优势专业群,把握试点机会,开发国家级"1+X"证书标准 5 个。
(4) 共建区域学院 1 个。
(5) 共建"3+2"培训班 5 个。

三、重点任务与举措

(一)人才培养

1. 与沙坪坝区政府共建西永微电子学院

以校政合作为契机,依托产业园区资源,联合企业进行专业、课程、教材开发,产学研用基地建设,开展人才培养,举办主题活动,联合举办专场招聘会,签订毕业生就业协议,服务西永地区产业发展。

2. 校地共建"3+2"人才培养班

依托永川大数据产业园、金凤电子信息园、西永微电子产业园、重庆西部物流园,与当地政府合作,对口地方中职学校、职教中心建立"电子与物联网""人工智能与大数据""物流技术、工程、管理"等"3+2"人才培养班。

3. 扶持学生创新创业

依靠政园校企联动发展,建成1个国家级创新创业孵化基地,促进产业升级,并以此为平台建设创新创业人才培养项目,打造国家级创新训练项目1个、国家级创业训练项目1个、国家级创业实践项目1个,推动人才培养模式改革。

4. 开发国家级"1+X"证书标准

以建筑与材料学院、通信工程学院、智能制造与汽车学院、财经管理学院、健康与智慧学院为基础,联合沙坪坝区政府、产业园企业,共建培训评价组织,每个学院各开发一个国家级"1+X"证书标准。

(二) 社会服务

1. 开发校地合作技术扶贫项目

深化秀山、巫溪对口扶贫项目,制订"一院一地一项目"计划,以学院为单位,组成包含专任教师、产业园区企业专家的师资团队,针对地方特色,结合学院专长,实现技术扶贫,并以"一院一地一项目"计划具体开展情况为基础,申报省部级、国家级哲学社科课题。

2. 扶贫地区人力资源培训

由政府牵头,重庆电子工程职业学院协调,建设政园校企社会培训基地,开展扶贫地区劳动力技能培训,实现一年培训100人次的目标。

3. 发挥学校专业优势,建立区域中小型企业服务平台

(1) 技术服务中心:依托二级学院和实训基地,提供技术研究人员、设备、经费等方面的技术服务。

(2) 信息服务中心:依托信息化处,建立与企业、产业园区、地方政府之间的信息共享工作机制,解决政园校企信息不对称的问题。

(3) 产业研究中心:依托学校区域经济与产业发展研究所,结合产业园区需求、区域政策,每年编制1份专业开设方向咨询报告,编制产业规划报告,帮助中小型企业把握宏观产业趋势、摸透产业政策、跟踪前沿技术。

(4) 成果孵化及推广中心:依托学校协同创新中心、大师工作室,利用已有的科研成果帮助中小型企业实现产品的更新换代、产业升级,并实现共同进行技术研发、成果转化、技术推广,促进政园校企四主体协同发展。

(5) 人才服务中心:依托学校继续教育中心、师资、设施为产业园区内中小型企业提供知识、技能、理念的培训,根据本地产业特色为中小型企业提供人才定制服务。

具体架构如下。

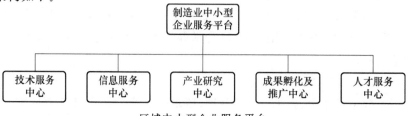

区域中小型企业服务平台

（三）加快政园校企协同机制建设

(1) 建立地方服务和合作办公室，为政园校企四方资源流动、管理、协调提供组织保障。

(2) 制定系列管理办法，如"平台管理办法""扶持创新创业基金使用管理办法""政园校企行动细则""园校共建产业学院若干规定""园区兼职教师管理办法"等，为政园校企四方联动提供制度保障。

(3) 建立政园校企项目实施绩效评价体系，形成激励约束措施。

四、预期标志性成果

1. 预期成效

促进高素质技能技术人才培养，服务地方经济发展、产业升级，实现技术、人才、资金在政园校企四主体间的合理流动。

2. 预期标志性成果

预期标志性成果如表 4-12 所示。

表 4-12 预期标志性成果

序号	预期标志性成果名称	成果等级与数量			
		国际级	国家级	省部级	改革突破
1	国家级创新创业孵化基地		1		
2	国家级创新训练项目		1		
3	国家级创业训练项目		1		
4	国家级创业实践项目		1		
5	开发国家级"1+X"证书标准		5		

五、建设进度

建设进度如表 4-13 所示。

表 4-13 建设进度

建设任务		年度目标			
		2019 年	2020 年	2021 年	2022 年
政园校企四方联动模式建设	1. 国家级创新训练项目 2. 国家级创业训练项目 3. 国家级创业实践项目 4. 开发国家级"1+X"证书标准 5. 建立西永微电子学院 6. 建立区域中小型企业服务平台 7. 开展秀山、巫溪对口扶贫项目	1. 将创新创业训练计划融入人才培养方案和教学计划；导师队伍建设 2. 制定试点工作方案，申报"1+X"证书试点；聚焦"1+X"证书制度，开展教师全员培训 3. 与沙坪坝区政府签订校地协议，共建西永微电子学院 4. 建立区域中小型企业服务平台	1. 打造国家级创新创业孵化基地 1 个 2. 开发"1+X"证书标准 3. 开展西永微电子学院人才培养活动、举办主题活动等 4. 开展秀山、巫溪对口扶贫项目	1. 获得国家级创新训练项目 1 个、国家级创业训练项目 1 个、国家级创业实践项目 1 个(结题) 2. 反馈、总结"1+X"证书标准在开发、运用过程中的问题与不足，实现"1+X"证书开发的优化升级，并面向社会推广 3. 根据扶贫实践成效，申报省部级、国家级哲学社科课题	1. 与沙坪坝区政府联合举办西永微电子学院专场招聘会 2. 完成一届区域"3+2"班人才培养任务

第5章 集团化办学后续需解决的问题

一、充分发挥政府在职教集团化办学中的作用

首先要完善集团化办学的法律法规。建立并完善与职教集团相关的法律制度,保障职业教育集团的有序发展。在法律法规上,明确职教集团的法律地位、法人身份,明确职教集团的办学性质、运作权限和基本规范等,明确行业企业参与职业教育的责任和义务,并制定强制性、约束性和激励性条款。其次要加强政府的统筹协调功能。一是充分发挥政府的统筹协调功能。加强政府对集团化办学的整体规划,考虑学校需求的同时也要兼顾产业发展。照顾短期效益的同时又要着眼于永续前景,依据区域经济发展情况统筹职业教育集团化办学资源:一方面,统筹人才需求状况,统筹专业的设置和调整情况;另一方面,统筹社会资源,将资源进行合理配置,提高资源利用率。二是充分发挥政府的组织协调作用。职教集团化办学两大主体的上级管理部门不同,利益追求点不同,因此需要具有服务性质的政府部门协调企业与职业院校之间的利益关系。另外还要强化政府监管职能,建立评估机制。政府部门应逐步建立职教集团化办学质量认证制度,严格管理程序和强化过程管理,建立职教集团化办学的准入、退出制度等。此外,政府部门可以制定职业教育集团化办学专项经费的管理办法,监管职教集团化运行经费的使用情况,确保专项经费使用的合理性、合法性和有效性。三是建立多元化的经费来源制度。加大政府投资力度,同时鼓励企事业单位组织、社会团体及个人等对职教集团化办学进行资助和捐赠,并出台捐资助学的税收减免政策;鼓励建立职业教育集团化办学基金,面向社会募集资金。

二、强化成员合作,建立集团利益共同体

首先要明确集团化办学主体之间的权责利关系。集团化办学的多元主体有着不同的利益诉求,但共同的核心利益为培养高素质技术技能人才。一是要明确各个办学主体在职业教育集团中的地位和作用。二是明确、细化多元主体的有形或无形的具体数据利益目标。三是要协调好职教集团各主体利益目标的关系,坚持个体利益目标服从集体目标原则,最大化实现集团办学利益。四是要明确各个办学主体的具体责任层级划分。

其次要建立并完善集团内部的治理结构与决策机制。一是需要建构内外协调一致的职教集团治理结构。二是建立职教集团化办学的财务管理制度,解决经费的来源、使用和监督问题,促使职教集团财务管理规范化和专业化。三是建立职业教育集团化办学的决策管理机制,以推进管理的科学化、规范化和民主化,提升集团内部治理能力。四是建立职教集团化办学的监督考核制度,保证各方主体履行自身职责,充分发挥自身作用,充分调动各方主体的主动性。此外还要建立健全集团成员的利益共享与责任共担机制。一是建立健全职教

集团化办学利益共享机制。由于职教集团化办学构成要素较为复杂,所以在构建内外协调一致、层级分明的治理结构和明确办学利益构成要素的前提下,需遵循平等、互利、有偿的原则,制定行之有效的鼓励性、激励性和导向性的实施办法,最大限度地满足不同主体的利益需求。二是进一步健全职教集团化办学责任共担机制。责任是相对于权利而言的,有权必有责,用权需监督,侵权要赔偿。

三、加强理论研究力度,促进职教集团内外部交流

第一,加大职教集团化办学理论研究力度,指导实践发展。集团化办学展现出强大的生命力,已成为创新职业教育改革的有效方式,但在运行机制、功能发挥等方面还存在一些问题,归根结底主要是理论研究滞后于实践发展所致。因此,要加强理论研究,梳理职教集团发展历程,探寻发展思路,研究组织形式与运行机制以及内外部治理结构和制度环境,创新职教集团化办学模式,挖掘职教集团化办学功能等。第二,加强职教集团之间的交流,促进办学有效开展。充分发挥职教集团作为政府、行业、企业、职业院校和科研院所的交流平台作用。一是加强职教集团成员之间的横向交流。促进政府和企业、政府和行业、行业与科研院所等横向跨部门交流,同时加强集团内企业和企业之间、行业和行业之间的横向部门交流,提高集团化办学效益。二是加强职教集团成员之间的纵向交流。如加强职业院校"中、高、本"院校之间的纵向交流,促进现代职业教育体系的建立。三是加强职教集团之间的交流,借鉴集团化办学发展经验,推动集团化办学发展。第三,加强职教集团国际合作,主动服务国家"走出去"战略。职教集团化办学是推进职业教育国际发展的有效手段。一是职教集团可以吸收国际成员,推动国际交流与合作,形成国际发展合力,主动服务国家"走出去"战略,满足企业国际发展和高技能人才输出等需要。二是依托集团内大型企业成员,借船出海,服务跨国集团、企业的业务扩张,加强与境外职教机构的合作,有效开展技术培训,实现境外办学等。第四,提高职教集团化办学服务能力。职教集团紧跟经济发展方式的转变,不断调整服务方式,推进技术进步和人力资源开发,推动教育教学改革和产业转型升级。一是职教集团要以区域经济发展为中心,围绕区域经济发展重心和产业结构调整专业设置和布局,整体提升区域职业教育水平,促进区域经济发展。二是服务精准扶贫战略,依托职教集团建设一批职业教育扶贫培训基地,实施职业教育乡村振兴,推进"教育+产业"扶贫模式。三是充分发挥职教集团的培训功能,重点面向集团内部企业员工开展岗前培训、在岗技能提升培训、学历继续教育等,提升职教集团的促进就业创业能力。

四、勇于创新,探索集团化办学发展新模式

第一,创新职教集团化办学模式。职业教育作为与经济发展最为密切的教育类型,职教集团作为有效促进地区经济发展的重要手段,职教集团化办学模式的选择应根据区域经济特点和职业教育发展状况,以专业建设为载体,以人才培养为目标,探索多形式组建职业教育集团,如行业型职教集团、区域型职教集团、复合型职教集团、涉外型职教集团、特色型职教集团等,创新职教集团发展模式,探索产教融合"校企一体"模式,"集群对接"模式,东部带西部、城带乡模式,政府主导模式等。第二,探索独立法人型职教集团。职教集团的非法人地位使得其所需要的人、财、物等资源严重依赖办学主体,长此以往,就会导致集团成员合作心有余而力不足的现象。因此,有必要明确职教集团的法人地位,开展集团化办学的实践探

索。鼓励职教集团成立社团法人或民办非企业单位法人。同时,在协调好企业法人营利性和职教集团公益性、教育性之间关系的前提下,探索企业法人型职教集团。第三,探索混合所有制职教集团。探索多元投入、多边合作、多方治理、多样发展的混合所有制职教集团,通过股份制形式,企业或者其他社会团体注入资本、技术、生产要素等而获得产权或股权,建立以资本和利益为纽带的校企共同体,实现人财物融通、产学研一体。

第6章 贯通教育稳步实施

对于高职院校而言,拔尖创新人才的培养主要应着眼于技术能手型、创新创业型和两者的复合型。高职教育的快速发展和中高职衔接贯通"立交桥"的搭建为拔尖创新人才的培养提供了基础保障和时间保障。

一、培育"中高本贯通式"人才培养体系

集团成立了"中高本衔接工作委员会",专门负责"3+2"和五年一贯制中高职衔接和与应用型本科专业对接。与万盛经开区共同制定中高职衔接人才培养计划、ICT专业课程计划,提供在线课程资源共享,打造优质教学资源。校企共同探索贯通式人才培养模式,联合专委会、中职、高职、应用本科学校及电子信息行业企业专家,根据"市场导向确定专业定位,校企互动制订人才培养方案"的专业建设思路,系统构建中职升高职、高职升本科贯通式人才培养"立交桥"。重庆万盛经开区职教中心等10多所中职学校与集团成员的高职院校合作办学,联合开展了"3+2"人才培养,理事长单位与重庆立信职教中心开展了"五年一贯制"电子信息工程技术专业人才培养,与重庆邮电大学开展了"应用本科"的合作。集团成员中高职衔接贯通专业达40余个,学生有2 000多人。

二、搭建现代职业教育人才培养"立交桥"

全面推进人才培养模式改革,构建现代职业教育"立交桥"式人才培养模式,集团专门设立了"中高本衔接工作委员会",负责"3+2"和五年一贯制中高职衔接以及与应用型本科专业对接;重庆秀山职教中心等10多所中职学校与集团成员的高职院校联合办学,合作开展"3+2"人才培养,理事长单位与重庆立信职教中心开展"五年一贯制"电子信息工程技术专业人才培养,与重庆邮电大学开展了"应用本科"的合作,以构建中职升高职与本科、高职升本科贯通式人才培养"立交桥"。

三、调整人才培养目标,优化人才培养方案

坚持"相互衔接、科学合理、各有侧重、技能贯通"的原则,调整设计课程体系,统一修订教学计划、课程标准,统筹安排教学工作,统一组织学生实习实训等,形成中高职(专科)有机衔接的职业教育专业设置、课程体系、师资队伍、培养模式、质量监控等一体化,集团成员中高职衔接贯通专业达40余个,学生有2 000多人。校企共同探索贯通式人才培养模式,联合专委会、中职、高职、应用本科学校及电子信息行业企业专家,根据"市场导向确定专业定位,校企互动优化人才培养方案"的专业建设思路,形成适应经济发展方式转变和产业结构调整要求,为职教学生的持续发展提供平台和渠道,更好地满足职教生提升专业知识与技术

技能水平需求的教育体系。

《重庆市教育委员会关于开展普通本科高校与高职专科院校贯通分段培养智能产业高端技术技能型人才试点工作的通知》(渝教高发〔2018〕22号)确立了28个转本贯通分段培养项目为2018年度重庆市普通本科高校与高职专科院校贯通分段培养智能产业高端技术型人才试点项目,专本贯通分段培养项目是满足重庆大数据智能化产业发展需要,提高智能产业技术技能型人才培养能力的重要举措,集团联合本科高校,同相关企业共同组成专业教学指导委员会,认真研制并组织实施相互衔接贯通的培养方案,联合培养技能型人才。

四、"政行企校"共建共享命运共同体

党的十八大以来,以习近平同志为核心的党中央深化对社会治理规律的认识,创新体制机制,以现代科学技术为引领,推进国家治理体系和治理能力现代化。党的十八届五中全会指出,推进社会治理精细化,构建全民共建共享的社会治理格局。构建命运共同体是习近平总书记提出的伟大构想,也是经济全球化背景下人类美好生活需求的共同愿景。多元主体、共同参与是职教集团化办学的突出特征,包含政府、学校、行业和企业等多个主体,以深化产教融合、校企合作为主线,以特色专业群建设为纽带,以高素质技术技能人才培养为核心。"同呼吸、共命运"是人类社会的真实写照,是构建职业教育校企命运共同体的内涵所在,是职业教育集团化办学的必然选择。

纵观各学者的观点,职业教育集团化办学是以职业教育集团为组织基础,加强学校与学校、学校与企业行业之间的联系,推进校企合作、校际合作、区域合作和城乡合作,整合教育资源,实现资源共享,促进职业教育向规模化、集约化、连锁化方向发展的办学模式。职业教育集团良好的发展有赖于各成员之间共谋发展的一体化办学格局。职业教育集团一体化办学格局倡导以集团章程为共同行为规范,以促进产教融合发展和协同创新为合作办学的内涵,与"合作共赢、共建共享、可持续发展"的命运共同体理念相互契合。命运共同体理念开启了思考职业教育集团办学发展的新范式,有助于实现职业教育集团内涵发展。命运共同体作为习近平新时代中国特色社会主义思想的重要组成部分,为人类经济社会的发展构建了新思想。

"合作共赢、共建共享、可持续发展"的全球化格局是构建人类命运共同体的题中应有之意。职业教育集团化办学是命运共同体在教育领域的意识体现,其多元主体办学模式彰显着命运共同体的建设思想。政府主导模式旨在解决或缓解当地相关教育和社会问题;院校主导模式旨在提高招生、培养、就业等方面的办学水平;企业或行业主导模式旨在培养企业或行业所需要的相关职业人才和技术人才。在世界多极化、经济全球化、社会信息化的背景下,多元化主体办学模式能更好地将教育与行业、企业结合起来,职业教育集团化办学通过多元主体办学,深化产教融合、校企合作来提升人才培养质量和办学综合实力。政府、职业院校和行业企业形成命运共同体,是政府、行业企业、学校实现共生发展、协同育人、资源共享共建、可持续发展的具体指南和战略方针。

在职业教育校企合作的新阶段,"产"与"教"两张皮现象依然存在,根本原因是产教融合多元主体的主观认知、利益视觉和行为逻辑存在差异。《国家职业教育改革实施方案》提出要"推动职业院校和行业企业形成命运共同体"。

如何构建这个共同体,集团做了很好的实践。集团的牵头学校是国家首批"双高计划"

建设院校,"办学特色紧密对接重庆市'芯屏器核网'智能全产业链、战略性新兴产业,依托'跨区域协同发展机制、校地融合发展机制',深化'校企双元育人机制、校友＋协同育人机制'"。集团组建了"长江经济带产教融合发展联盟",率先发起成立了"成渝地区双城经济圈产教融合发展联盟"等产教融合、校企合作多层次、多领域合作平台,汇聚"政行园企校"各方优质资源,肩负培养"德智体美劳高素质技术技能人才"的使命担当,为地方经济社会高质量发展提供强有力的技术技能人才支撑。

如何深化发展产教融合?产教融合是职业教育区别于其他教育最根本的特征。深化产教融合首先要考虑企业需求,主要是关注企业人才需求、降低生产成本、社会效应三个方面。2020年9月,重电-曼恒数字产业学院挂牌成立。重电-曼恒数字产业学院以学校"双高计划"的建设为契机,努力探求产业学院基于相互需求、产权介入与效益分享的产教深度融合体制机制创新,力争打造新时代数字内容人才培养与创新创业平台。希望曼恒公司乃至更多的兄弟院校、校企合作单位参与其中,群策群力,共同推动产业学院发展,充分发挥企业在各自专业领域的领先优势,为行业人才培养贡献力量,通过校企合作,实现互惠共赢,共同推动区域经济发展。产业学院的核心是人才培养和企业生产,用行业标准和技术标准培养技能人才。集团下的产业学院同样贯彻"三共三享"产教融合模式,教师队伍实行学校与企业混编,每半年更新一次行业标准,及时调整培养内容。保证培养的人才总是在行业最新标准上,避免学生在学校走向企业出现脱节现象。

集团围绕产业发展和企业需求,探索基于产权介入和效益分享的职教集团-产业联盟-产业学院"三位一体"产教融合体系,近年来,集团率先发起成立了"成渝地区双城经济圈产教融合发展联盟""长江经济带产教融合发展联盟",对接6个校企联盟,成立了包括"重电-华为ICT学院""重电-曼恒数字产业学院"在内的9个产业学院,深化产教融合,与行业企业形成了命运共同体。

第 7 章　国际影响持续扩大

集团按照市委市政府的工作部署，理事长单位紧紧抓住国家战略实施的重大机遇，积极参与"一带一路"和长江经济带建设，结合自身国际化发展战略和学科优势，以"一带一路"和中国企业走出去为契机，坚持教育国际化的创新驱动战略，围绕工作重点，提高办学质量，增强办学活力，全方位服务产业发展。积极利用集团成员企业和院校通过"引进来"和"走出去"双驱动，服务于"一带一路"国家战略，提升集团国际化视野和国际影响力。

契合"一带一路"和长江经济带发展战略，依托重电海外分校、"鲁班工坊"和国际产业学院，与"走出去"产能多渠道合作办学，培养具有国际影响力的技术技能人才。行企园所校多元共建中澳（重庆）职业教育研究与培训中心、中德（重庆）职教师资培训基地，承办中英、中韩"学生职业技能交流赛"和中英、中德、中澳职教论坛等多项国际交流活动，凸显重电职教国际化品牌，增强其服务"一带一路"倡议的能力，使其成为"走出去"产能的优秀成长伙伴。

集团与澳大利亚等国家合作办学，订单培养了留学生 42 人。集团与华为共同实施海外人才培养计划，对来自巴基斯坦等 7 所外国高校的高级专业技术人员开展华为认证技术培训，海外就业的毕业生有 70 余人。

一、"一带一路"国家学生来校留学

集团与泰国曼谷职业教育中心、北京唐风教育科技公司签订了《"一带一路"职业教育国际合作框架协议》，设立了职教集团国际（泰国）分校。泰国学生第一年在本国学习汉语，后两年或三年进入中国，在集团成员的职业院校学习，取得专科学历后可以在重庆邮电大学和重庆科技学院继续修读本科学历。

二、"一带一路"国家学生来校长短期游学

组织集团成员单位重庆工程职业技术学院、重庆工业职业技术学院联合开展留学生招生，接收来自东南亚和中亚 20 余个国家的长短期留学生和在职培训人员 300 余人。

三、"一带一路"国际师资培训

集团吸收法国、韩国、泰国、马来西亚等国的高校加入，派出 40 余名教师赴法国亚眠大学留学研修，接收法国高校师生来重庆电子工程职业学院和集团其他高职院校访问交流；累计派出 100 余名学生前往马来西亚博特拉大学交换学习，拓展学生国际视野；接待来自 50 个国家（或地区）的来访团组，共计 200 余人次。

四、"一带一路"国际交流合作

依托集团理事单位重庆电子工程职业学院的长安汽车大学智能制造工程学院开展"一带一路"交流、培训、技术服务、科研成果转化等,使学院良性发展。共同承办市或国家级大型会议,每年定期举行重庆市或西部地区汽车专业建设研讨、师资培训。积极开展国际交流与合作,进行"一带一路"国际办学试点,共同承办境外人员培训,承办全国性的新能源汽车大赛。

五、共建国际化人才培养基地

理事长单位牵头与成员单位浙江亚龙智能装备集团股份有限公司合作,与老挝琅南塔省教育厅共同签署了"共建老挝·亚龙丝路学院"三方战略合作协议,成立了"老挝重庆电子工程职业学院亚龙丝路学院",依托"丝路学院"探索校政企"三位一体",共建国际化人才培养基地。

六、积极推进国际性技能大赛

集团成员组织学生参加国际大赛,荣获"蓝桥杯"国际大赛二等奖 3 项、三等奖 2 项;荣获首届中英 STEAM 创新作品国际大赛一等奖,并获得牛津大学创新研究院推荐书。

七、伴随"优质产能"走出去,提升国际化水平

"政行企园所校"多主体融入,搭建互联互通平台,引进优质教育资源,打造一批具有国际影响力的国际通用标准。依托重电海外分校、鲁班工坊和国际产业学院,与"走出去"产能多形式合作办学,培养具有国际视野、通晓国际规则和胜任国际事务的专业人才。通过全方位、多层次、宽领域的国际交流与合作,完善国际化办学体制机制,凸显重电职教国际化品牌,增强服务"一带一路"能力,成为"走出去"产能的优秀成长伙伴。

(一)引进优质资源共建专业课程,促进中外职业教育协同发展

1. 推动特色专业认证标准国际化

借鉴国际工程教育专业认证的理念与方法,推进并开发具有中国特色的电子信息工程技术和物联网应用技术专业认证标准,在"一带一路"沿线国家试点推广。

2. 打造具有国际影响力的课程体系

引进德国多特蒙德应用技术大学机电一体化专业课程体系,建立培养目标、学习模块、模块内容、学时和考核标准,开发学习模块的项目、教材和规范,打造具有国际影响力的课程体系。

3. 深化中德职业教育合作项目

依托中德"SGAVE 项目示范学校",进一步强化国际校企合作,开发符合中国国情、适用于汽车产业的技术技能人才培养标准,构建能级递进的课程体系,建立高水平的证书认证体系,实现职业人才培养与行业标准的对接,引领区域内中高职院校职业教育教学改革。

4. 促进中外合作办学内涵建设

与加拿大等国家开展"2+1"或"3+0"模式的中外合作办学,实施院校毕业证书或技能等级证书双向授予模式,推进国际化办学内涵发展,加强人才培养质量控制,完善办学质量

保障体系。

(二) 搭建平台开发国际通用专业标准,扩大中国职业教育话语权

1. 搭建国际化联盟平台

依托在亚洲开发银行的倡导下建立的CAREC(中亚区域经济合作)框架下的CFCFA(中亚区域承运人和货运代理人协会联合会),发起成立了"一带一路"产教联盟;联合华为、中移物联网、海尔等知名企业,组建了"一带一路"物联网国际产教联盟,深化校企合作,参与制定了国家标准6项,以为CAREC成员国培养和输送国际化的专业人才,促进人文交流纵深化发展。

2. 培育中外人文交流基地

依托教育部中外人文交流中心和重庆市教育国际交流协会,将学校打造为中外人文交流试验园区国际产教融合重庆基地,深度参与中外人文交流(重庆)试验园区建设,拓展中外人文交流形式,促进民心相通。

3. 探索区域性产教融合路径

加强与柬埔寨、老挝、缅甸、泰国、越南高校的合作,牵头组建"澜湄六国职业教育产教融合研究中心"(中国、柬埔寨、老挝、缅甸、泰国、越南),探索产教融合服务"一带一路"东南亚区域建设路径,推动各方积极参与澜湄区域跨境合作发展。

4. 推动中国标准"走出去"

联合华为、中移物联网、海尔等知名企业,组建"一带一路"物联网国际产教联盟,对接国际标准,打造职业教育中国标准,推进专业教学标准、实训条件建设标准(仪器设备配备规范)、模块教学标准、课程标准的国际化发展,跟进教师培训工作,促进各国教育资源和教学水平均衡发展。

(三) 服务"一带一路"建设,培养通晓国际规则的技术技能人才

1. 培养输送国际化专业人才

深入推进与泰国、印尼、马来西亚、埃塞俄比亚、白俄罗斯等国的院校合作办学,依托华为、长安汽车、传音、OPPO、宗申、力帆等"走出去"企业,开展"订单式"国际化人才培养;接收南非、埃塞俄比亚等国职业院校师生和技术人员来华培训或实习,共计200人次以上;开展来华留学生"语言+专业""语言+技能"双语教学,推进来华留学生工作标准化建设。

2. 提升师资国际化水平

依托中新战略性互联互通项目,对接重庆市中新示范项目管理局信息通信专委会,依托"重电海智"专家工作站,推动教师走出国门,在境外企业和研究机构交流任职、学习研修;为"一带一路"沿线欠发达国家的企业和学校提供技术服务、教师及课程资源;继续发挥学校作为教育部国培基地的示范作用,加快中德(西南)师资培训基地建设,通过双元制职业培训、工作教育学、职业教育学、新型教学法等先进的教学理念方法,为西南地区职业院校培养国际化师资核心力量。

3. 共享优质教育教学资源

打造教学资源可共用、过程可追溯、成果可推广的"互联网+"平台,建立线上线下混合式"互联网+"教学方式,依托海外办学平台,在"一带一路"沿线国家共享优质教育资源,提高学校职业教育国际化影响力。

4. 推动海外办学落地生根

建立海外分校、丝路学院、鲁班工坊、国际产业学院。落实与曼谷职业教育中心、泰国民武里技术学院、北京唐风汉语教育科技有限公司共建"重电-泰国"分校；深化与老挝琅南塔省教育厅、亚龙智能装备集团股份有限公司共建"老挝亚龙丝路学院"，服务于老挝信息安全专业"订单式"人才培养；联合华为、大唐、中移物联网等企业在中东欧国家成立海外ICT产业学院，合作开发教学资源和培训项目；依托白俄罗斯中白工业园、乌兹别克斯坦吉扎克工业特区等有代表性的企业园区，建设人才培训中心和培养基地，开展多层次职业教育和技能培训，培养"一带一路"建设人才。

以服务"一带一路"建设和"走出去"产能为着力点，以围绕行业企业标准及企业需求为导向，联合"走出去"产能、海外教育主管部门、海外学校以及资源提供方，构建一套可应用、可推广的集招生、培养、就业为一体的"订单式"人才培育模式，培养国际化人才。围绕物联网应用技术、信息安全与管理、人工智能、智能终端开发与制造、汽车智造和智慧商贸等专业群，形成一批具有国际影响力的高质量专业标准、课程标准、双语课程资源和教学资源，在"一带一路"沿线国家广泛推广，打造中国职业教育国际化的特色品牌。中外文化与技术交流深入开展，互联互通互融成果丰硕，建成"一带一路"物联网国际产教联盟、海外产业学院2个和鲁班工坊3个，拥有一批稳定的海外优质合作院校、中资企业、外方企业以及产教联盟成员，学校成为来华高职留学生的重要目的地，累计接收来华留学生1 000人以上，向海外高校输送留学生和交换生500人以上；聚焦"走出去"产能，充分发挥海外办学平台功能，培养一批具有国际视野、通晓国际规则和国际技能的本土化人才，为"走出去"中资企业提供强大人才支撑和智力支持。

（四）共建共享共商数字教育资源，促进职业院校和机构人才培养

集团于2020年12月24日携手中泰职教联盟、73家成员单位相聚"云端"，共商中泰职业教育数字资源建设与共享，探索拓宽线上线下合作新渠道，共同推进在线课程在泰上线及推广，持续扩大联盟国际影响力。本次会议在重庆市教育委员会、泰国教育部职业教育委员会的指导下，由中泰职教联盟主办、重庆电子工程职业学院和重庆工程职业技术学院共同承办。联盟各成员单位齐心抗疫并不断探索合作交流新方式，联盟成员数量进一步增加，线上交流合作成果丰硕，联盟在线课程快速推进，科研项目初具雏形，中泰职教特色合作项目持续深化。2021年，联盟持续应对疫情调整，在合作办学、在线课程建设、师生交流、技能竞赛、校企合作等方面推进与泰的交流合作，深入开展宣传推介，持续扩大联盟影响力。

在中泰职业教育数字资源领域开展深入合作，共同探索重庆市与泰国、中泰两国职业教育的合作前景，推进两国职业教育共同发展。中泰职教联盟以开发"汉语＋职业技能"在线课程体系，共享教学标准、评价标准、学分互认标准等为重点，计划组织联盟中方成员单位在2023年完成100门中文、英语和泰语在线课程标准、题库资源、视频资源等建设，并共享给中泰联盟成员单位、东南亚合作院校和其他国际合作项目。2019年以来，已有12所院校完成60门在线课程申报及建设，主要包括职业汉语6门以及铁路轨道交通类、工程机械类、电子商务类、医学类、通信技术类、建筑工程类等各专业54门，其中有2门课程被教育部认定为2020年国家精品在线课程（高职）。重庆工程职业技术学院、重庆电子工程职业学院、重庆城市管理职业学院等5所院校被联盟评为优秀课程建设单位。

在世界疫情常态化防控的大背景下，集团将进一步促进疫情下中泰两国职业教育创新合作。联盟以中泰职业教育数字资源共商共建共享为基础,创新合作模式和教学模式,实现优势互补,提升中泰学生培养质量;深化师资队伍建设,提高队伍教育教学能力和技术技能水平;打造品牌,凝炼典型,不断丰富和增强职业教育国际合作内涵。为推动泰国职业教育国际化,泰国教育部职教委致力于通过与政府、企业、国际组织合作,在东盟和世界各区域内建立国际职业教育教学合作网络,培养高素质、新型职教人才。联盟以深化合作为契机,进一步完善运行机制,共建网络精品课程,加强人才交流和培养,共同推进职业教育高质量发展。

第8章 辐射引领服务地方

集团进一步扩大影响力,由区域型职教集团转变为全国行业性职教集团。组建职教集团发展研究中心(秘书处合署办公,集结职教专家形成智囊团并开展研究,为职教集团的发展出谋划策)。充分发挥区域教育服务辐射引领作用,进一步巩固并提高集团教育师资培训的能力和水平,为集团师资培训的拓展奠定坚实的基础。

一、引领本区域,促进本行业发展

集团承担各类技术培训研发项目230多个,集团理事长单位与万盛经开区、华为技术有限公司、中国信息通信研究院西部分院共同组建了重庆万盛电子信息技术创新创业研究院有限公司,其内设培训中心建有"一分院三基地一中心",即"重庆电子工程职业学院-华为万盛ICT分院""万盛经开区ICT培训基地""华为万盛ICT人才培养基地""中国信息通信研究院西部分院ICT创新创业培训基地"和"重庆电子工程职业学院ICT研究中心";集团理事单位为长安汽车以及其上下游企业开展新员工培训4 013人次,经销商新车型培训、星级技师培训共5 203人次,其中缅甸、埃及等海外员工12人次,为西南交通大学等本科学生进行技能培训660人次;为中兴及其上下游企业开展技能培训2 083人次,其中苏丹、马里等国际学生8人次,开展职教师资培训12期,共398人次,累计创造社会服务价值2 000余万元。

面向先进制造业等技术技能人才紧缺领域,集团与行业领军企业华为建立了全球高校第一个"华为实训基地"、第一个"华为认证培训中心",第一个世界技能大赛信息网络布线重庆市集训基地,并与老挝琅南共建了第一个国际化人才培养基地,示范引领国际、国内;共建了国家级及省部级示范基地、创新基地、双基地、实训基地等18个,产教融合型实训基地10个、生产性实训基地55个;整合了10 000家产业链生态伙伴资源,实现社会服务收入700万元,形成了校企联盟资产纽带;形成了一批实训基地市场化运作高质量育训模式和经验,在全国范围内发挥辐射引领示范作用。

(一) 汽车学院社会服务培训项目

2015年10月—2019年4月,重庆电子工程职业学院面向区域经济社会发展人才紧缺领域,开展高技能人才培训项目3个。2015—2019年汽车学院社会服务培训项目统计如表8-1所示。

表 8-1　2015—2019 年汽车学院社会服务培训项目统计

序号	项目性质	培训名称	培训天数	期数	参训人数	总人日
1	长安商用车星级培训	长安商用车星级培训（三星）	7	30	769	37 681
		长安商用车星级培训（四星）	5	19	374	9 350
		长安商用车星级培训（五星）	5	3	49	1 225
		长安欧尚新能源培训	5	11	265	6 625
2	长安新能源培训	长安新能源培训	5	16	386	9 650
3	高技能人才培训基地	物联网应用技术专业	1		1 000	1 000
		软件与信息服务	1		1 200	1 200
		通信系统运行管理	1		1 200	1 200
		汽车维修工培训	5	5	152	3 800

（二）通信工程学院-华为学院社会服务培训项目

2015 年 10 月至 2018 年 4 月，通信工程学院-华为学院、重庆电子工程职业学院高技能人才培训基地累计开班 11 次，培训高新技术类人才 1 575 人。通信工程学院-华为学院社会服务培训项目统计如表 8-2 所示。

表 8-2　通信工程学院-华为学院社会服务培训项目统计

序号	时间	培训人数	培训内容
1	2016 年 11 月	87	重庆市公安局公安网扩容统一招标项目技术培训
2	2018 年 7 月 21—30 日	8	中国教学仪器设备有限公司客户云计算技术培训
3	2018 年 12 月	63	重庆铁塔室内分布培训
4	2019 年 1 月	62	万盛经开区中小学教师信息技术培训
5	2015—2017 年	50	华为 HCNP-R&S 认证周末培训
6	2016 年 7 月 12—21 日	35	高职院校专业骨干教师国家级培训
7	2016 年	75	华为 HCNP-R&S 认证周末培训
8	2017 年	90	华为 HCNP-R&S 认证周末培训
9	2018 年	67	华为 HCNP-R&S 认证周末培训
10	2018 年	675	全国计算机高新技术培训
11	2019 年	363	工业和信息化部应用人才测评培训
	合计	1 575	

（三）国培社会服务项目

2015 年 9 月—2019 年 4 月，集团理事单位国培基地共承担了江苏、山西、山东、河北、甘肃、青海、广西、四川、贵州、云南、广东、河南、吉林、重庆等省区市的国培项目 11 个，参与人数为 252 人，培训总人日为 8 066。集团理事单位社会服务国培情况如表 8-3 所示。

表 8-3 集团理事单位社会服务国培情况

序号	项目性质	培训名称	培训天数	参训人数	总人日
1	国培中职	电子商务（全国10个省区市）	84	21	1 764
2	国培中职	会计电算化（全国11个省区市）	84	21	1 764
3	国培中职	计算机网络技术（全国9个省区市）	84	15	1 260
4	河南国培	河南省2017年度中职汽车专业带头人领军能力国培	28	37	1 036
5	重庆国培	2017年重庆帮扶培训电子商务	14	25	350
6	重庆国培	2017年重庆帮扶培训旅游服务与管理	14	18	252
7	吉林国培	吉林2017年度高职新能源汽车技术国家级培训班	28	20	560
8	吉林国培	吉林2017年度中职汽车美容国家级培训班	28	10	280
9	重庆国培	重庆市2017年度中职教师汽车专业企业实践项目	20	40	800
10	国培项目	重庆市2018年度高职教师企业实践汽车智能国培	28	15	420
11	国培项目	重庆市2018年度中职双师型教师财经商贸类国家级培训	28	30	840
合 计				252	8 066

二、院校为集团内企业职工培训

2017年12月，集团理事长单位与万盛经开区、华为技术有限公司、中国信息通信研究院西部分院签订了合作框架协议，四方共同组建了重庆万盛电子信息技术创新创业研究院有限公司，公司内设教育培训中心，不仅开展电子信息技术中职学历教育，还包括ICT在岗人员技能提升、技能等级培训和岗前培训，为企业培训员工3 200人次。

三、就业创业服务

2018年，集团新组建了"职业培训与就业工作委员会"，开展了社会培训和社会服务工作，为企业培训员工3 200人次，面向社会开展培训达12 000余人次，开展技能鉴定10 000余人，更好地提升了集团社会服务能力。集团理事单位通信工程学院承办了2018年华为ICT人才联盟双选会重庆电子工程职业学院专场。华为ICT人才联盟双选会搭建起ICT领域企业与求职者之间的桥梁，精确匹配人才供给双方的需求，为华为ICT学院的毕业生及华为认证人士提供就业指导。2018年重庆电子工程职业学院专场有51家优质企业，向相关专业和学生提供了多个对口相关职位。

第9章 脱贫攻坚与乡村振兴精准发力

当前,乡村振兴进入系统发力、重点突破、集中攻坚的关键阶段。集团找准"穷根"、明确靶向、量身定做、对症下药,积极推进技术技能培训下基层和社区,精准扶贫扶智,打好扶贫攻坚战。

集团扶贫攻坚紧跟国家战略,精准发力,举全力参与秀山、巫溪等地方的扶贫工作,通过产业扶贫、智力扶贫等多举措实施扶贫战略。实施带头人扶贫政策,发力定点扶贫,深化党建扶贫融合;扶持贫困区域学生就业与创业,畅通贫困助学绿色通道;引进百香果、核桃等产业,实施5个1万的产业扶贫(1万亩核桃、1万亩中草药、1万群中蜂、1万头山药、1万亩百香果)。对接"互联网+"创新创业战略,开展"天元农特产智慧扶贫App"项目;依托"互联网+农村"平台,在集团牵头单位社区实施"巫溪小店"扶贫工程,在巫溪、秀山、城口等偏远地区贫困农村,开展农产品智能化生产技术培训和电商辅导,提供"一品一策"帮扶,助推乡村振兴,形成特色。

一、带头人扶贫政策

集团牵头单位多次率领团队深入天元乡村调研。发力定点扶贫,深化党建扶贫融合。建立院系党支部与吉龙村党支部共建制度,增强精准帮扶力度。扶持贫困区域学生就业与创业,畅通贫困助学绿色通道。2019—2021年,录取重庆籍贫困地区学生8154人,占比为33.24%;完成8299名学生贫困资助,发放助学贷款6446.78万元,落实贫困地区毕业生就业5182人,就业率为96.55%。

(一)发挥人才智力优势,聚焦精准扶贫

在乡村振兴进入啃硬骨头的关键时期,集团理事单位重庆电子工程职业学院积极发挥着人才智力与科技优势,聚焦精准扶贫,打出一套包含产业、技术、教育、智力等在内的"组合拳",切实把扶贫同扶志扶智结合起来,以在新时代乡村振兴中实现自己的使命与担当。为更好地体现精准管理与精准帮扶,深入贯彻落实《重庆市教委扶贫集团关于帮扶巫溪县天元乡乡村振兴的通知》的要求,学校党委书记作为第一责任人,书记、校长以及其他领导多次率领教授、专家、志愿者服务团队深入天元乡各村实地调研,摸实情,了解致贫原因,增添致富良策。

(二)发力定点扶贫,深化党建扶贫融合

天元乡扶贫工作合力撬动了当地基层组织,做到基层党建与扶贫工作深度融合,把党的组织优势转化为助推乡村振兴的强劲动力,实现党的建设与乡村振兴齐头并进。建立党委议事制度,做到扶贫工作与学校重点工作同研究、同部署、同检查和同总结。

(三)细化对口帮扶,实施电商精准扶贫

例如,筹集扶贫资金,建立扶贫党支部,推动特色农业与传统农业协调发展,指导发展乡

村旅游产业、建设电子商务销售平台,加大劳务技能培训力度,加大剩余劳动力输转力度,建设巫溪土特产超市,建立大学生社会实践教育基地,引导社会力量帮扶脱贫。

(四)引入重点发展产业,建立实践基地

由集团理事长和部分副理事长单位发起,组织集团成员重庆威冠实业有限公司、重庆市华雄实业(集团)有限公司、重庆商达电脑科技有限责任公司、重庆丰锐照明设备有限公司、重庆西物科力电子技术有限公司、顺丰快递、京东电商等企业赴巫溪县开展精准扶贫,就农产品电商销售、大数据信息、生态农业开发、水利修建、贸易流通、旅游产品开发等方面实地调研,成功将高山百香果项目引进天元乡贫困山区,建立了职教集团"学生社会实践基地",发动企业和学校师生捐款捐物累计达60多万元。制定的产业扶贫攻坚实施方案成为天元乡2018年精准扶贫发展重点产业的重要举措之一。

(a)

(b)

重庆电子工程职业学院书记赴天元乡精准扶贫

(五) 全面贯彻落实《国家职业教育改革实施方案》

为稳步推进边远地区秀山职教中心汽车虚拟仿真实验室教师素质的提升,进一步提高汽车虚拟仿真实验室教师专业教学技术水平,解决边远地区秀山职教中心汽车虚拟实验室教师在教育教学实践中遇到的实际问题,集团在秀山职教中心开展了中职虚拟仿真能力提升"精准扶贫"项目培训。

培训结束后集团工作人员与秀山职教中心相关领导、专业教师进行了广泛交流。针对汽车虚拟实验室教师适应职业教育发展和专业建设,提高教育教学质量,进行了多方位的探讨,对专业教师教学、教研水平的提高起到了较好的作用。

二、加大职业教育扶贫力度,重视精准扶贫可持续发展

1. 扶持贫困区域学生创业

学校65%的招生计划匹配重庆电子信息及装备制造产业,毕业学生进入重庆长安集团、重庆轨道交通等优质企业,学生报考踊跃。

2. 优化招生宣传绿色通道,提升服务质量

打通招生咨询、贫困助学绿色通道,保障学生不因贫困失学。

3. 贫困地区学生就业成效显著

学校制定了困难学生专项就业训练和深度贫困地区毕业生就业建档跟踪服务等制度。

第 10 章　现存问题及后续研究

职教集团作为一种重庆职教改革与发展中的新生物,集团化办学让教育行政主管部门和职业院校都为之振奋,但职教集团的集团化办学不是重庆市职教办学产教融合协同育人的"万能药"。在职教集团进入真正的运行与实施阶段之后,种种问题不断浮现,例如,集团发展的短期性与不可持续性,职教集团集而不团,非法人组织的集团功能发挥受限,政府监管不力,职教集团外部结构松散、内部结构不完善,职教集团成员间缺乏深度合作等问题,这一系列的现实问题还需后续持续研究,才能攻破难关。

一、职教集团向心力微弱化

通过契约、会商、制度、资源等联接方式,国内外中高本院校联盟、行业企业联盟、科研机构、中介组织,甚至政府部门形成联合集团组织,虽然在集团治理结构上取得了重要突破,在产教融合协同育人上取得了显著成效,贯通教育稳步实施,国际影响持续扩大,辐射引领服务地方,扶贫攻坚精准发力,提升了职业教育育人质量和服务社会能力,但集团在分享集约化、集群化发展成果的同时也出现了职业教育集团在运行中集团向心力不够、向心力弱化现象凸显等问题。

二、非法人组织限制集团功能发挥

重庆电子信息职业教育集团是由国内中高本理事单位成员、行业产业理事单位成员、国外校企理事单位成员构成的集团组织,具有跨界性质和特征。集团内校校跨界、校企跨界、区域跨界,跨界这一特征决定了职教集团的功能体系,职教集团的功能发挥都是在跨界的基础上实现的。因职教集团属于非法人组织,其性质和特征造成诸多方面的组织缺陷,同时也大大地限制了集团功能的充分发挥与扩散。

三、职教集团内部结构有待调整

职教集团不能只依靠外部的形式,还必须有完备的内部结构作为支撑。虽然重庆电子信息职业教育集团在各个方面实力都很强,但和企业日新月异的技术、设备的完善相比,始终是稍逊一等,企业需要能够为其带来利益价值的人才和能够产生实际效用的技术服务,这就要求职业院校的学生需要具备较高的解决企业实际问题的能力。

四、职教集团成员间缺乏深度交流合作

从本质上看,只有实现学校、企业、政府、医院等单位间的互惠互利,职教集团才能稳步发展。从学校层面来看,期望职教集团能为其提供更多的教育性服务,为教学带来便利。从

企业、政府、医院等成员单位来看,他们也希望在职教集团得到利益和好处。由此可以看出,加强各成员单位间的深度交流合作,统一战线,实现共同目标,才能使职教集团内部在一条线上。从目前职教集团的发展现状可以看出,职教集团成员结构不合理,集团选择了企业合作伙伴,企业虽然能够解决学生顶岗实习、就业等问题,但是企业大多数为小微企业,小微企业自身发展并不完善,技术和管理水平都不成熟,而职业院校的学生到企业进行顶岗实习就变相成了廉价劳动力,这样并不会促进学生能力的提升,对学生的职业生涯益处不大。这一系列问题的出现,归根结底是集团成员结构不合理,与企业间缺乏深度的交流,没有严格的准入机制。

五、职教集团与企业融合不够深入

我国职教集团取得了长足的发展,培养了一大批职业技术技能人才,将学校教学的内容与企业的生产发展紧密联系起来,为职业院校的师生和企业的员工提供了更多学习技能的机会。但同时,职教集团也存在一些问题,面临不少困难。最核心的痛点问题是与当前经济社会的需求不适应,最直接的表现是职业学院培养的人才在质量上和结构上都不能满足企业的需要,导致了教育界热、企业界冷,职教集团的诉求比较多,企业的参与意愿不够、产教融合不深等问题。

六、后续研究及未来展望

集团后续将持续研究组织边界理论、非法人组织理论、权利让渡,其中重中之重是权力让渡的深入研究,厘清集团各方关系,主要研究院校之间的权利让渡、院校与职业教育集团之间的权利让渡、行业企业与职业教育集团教育成员之间的权利让渡、教育行政管理部门的公权向职业教育集团的让渡。在未来的半年至1年内,集团将从非法人组织的特征角度对职教集团的相关性质进行考察,形成职教集团功能性限制的原因分析报告。在未来2年内集团将研究能否在非法人组织下面设立具有法人性质的运行平台,适度向职教集团权力资源让渡,以期减轻非法人性质的限制影响,从根本上摆脱职教集团的困境,从组织性质上对其进行根本性的改革。

附录1　重庆市示范性职业教育集团申报书

重庆市示范性职业教育集团

申　报　书

申报集团：<u>　重庆电子信息职业教育集团　</u>
牵头单位：<u>　重庆电子工程职业学院（公章）　</u>
填 表 人：<u>　　　　　莫绍强　　　　　</u>
填报日期：<u>　　　2018 年 12 月 3 日　　　</u>

重庆市教育委员会
2018 年 12 月

填 写 要 求

（1）申报书的各项内容要实事求是、真实可靠，文字表达明确、简洁，申报单位对所填内容的真实性负责。

（2）请用小四号仿宋_GB2312（字体）填写，行间距为20磅。

（3）请用A4纸双面打印，左侧装订，一式三份，连同电子文档一并上报。

一、基本信息

集团名称		重庆电子信息职业教育集团	正式成立时间	2016年12月
牵头单位		重庆电子工程职业学院	牵头单位类型	公办高职
批准单位及文号		渝教高函〔2018〕26号	成员数量	112
秘书处所在单位		重庆电子工程职业学院	集团上级主管单位	重庆市教育委员会
集团负责人	姓名	聂强	所在单位	重庆电子工程职业学院
	部门	校级领导	职务	校长
	集团职务	理事长	邮箱	cqn×××@yahoo.com.cn
	手机	1350949××××	电话	023-6592××××
集团联系人	姓名	莫绍强	所在单位	重庆电子工程职业学院
	部门	国际交流与合作发展处	职务	处长
	集团职务	副秘书长	邮箱	221565×××@qq.com
	手机	1350035××××	电话	023-6592××××
牵头单位情况（800字以内）		重庆电子工程职业学院是由重庆市政府举办、重庆市教委主管、市教委与市经信委共建的全日制普通高等院校。学校创建于1965年，1999年成为重庆第一所高职学院，是教育部、财政部重点建设的100所国家示范性高等职业院校之一。学校连续两届蝉联国家级教学成果奖一等奖，这在重庆高校中尚属首例，在全国1300余所高职院校中也屈指可数。学校占地1365亩（1亩≈667平方米），固定资产为15亿元，校舍为49万平方米，教学科研仪器设备价值2亿元，在校生为20000余人，馆藏图书122万余册。学校建有人工智能与大数据学院等11个二级学院（学部），开办专业58个。学校教职工有1023人，其中在读博士72人，教授79人（二级教授3人）、副高级专业技术人员293人。 学校坚持"以电子信息为特色，培养先进制造业、现代服务业等技术密集型产业领域一线需要的高素质技术技能型人才，注重应用研发与技术服务"的办学定位，确立了建设"电子信息类高水平特色应用型高等院校"的发展目标，按照"用电子技术提升先进制造业，借助信息化手段增值现代服务业，由数码艺术发展新兴创意产业"的产业专业对接思路，学校先后与澳大利亚、德国、英国、韩国等国教育机构在专业建设、师资培训、技术移民、境外实习、合作办学等方面建立了广泛的合作关系，与重庆微电园、中兴通讯、华为科技、长安集团、德邦物流等知名企业建立了深度产教融合校企合作体制机制，开展了订单培养、员工培训、顶岗实习、技术研发、协同创新、基地共建等合作内容。 学校狠抓教学质量工程和内涵发展，取得了一批富有内涵价值的标志性成果。近两届获得国家级教学成果一等奖2项、二等奖1项、重庆市教学成果奖15项。学校建成国家级重点专业9个、市级重点专业27个，有国家级教学团队1个、省级教学团队6个，有国家级精品课程8门、省级精品课程27门，有国家级实训基地3个、省级示范实训基地2个。在2017年全国职业院校技能大赛中获一等奖6项，共计18人次，在教育部统计的"获得一等奖数量最多高职学校"中位居全国第三、西部第一。		

续 表

	单位名称	单位性质
集团成员单位	1. 重庆邮电大学	本科
	2. 重庆科技学院	本科
	3. 法国亚眠大学	国外高校
	4. 马来西亚博特拉大学	国外高校
	5. 重庆工业职业技术学院	专科
	6. 重庆工程职业技术学院	专科
	7. 重庆城市管理职业学院	专科
	8. 重庆航天职业技术学院	专科
	9. 四川信息职业技术学院	专科
	10. 重庆安全技术职业学院	专科
	11. 重庆科创职业学院	专科
	12. 重庆应用技术职业学院	专科
	13. 重庆市渝北职教中心	中职
	14. 重庆市秀山县职教中心	中职
	15. 重庆市轻工业学校	中职
	16. 重庆市育才职业教育中心	中职
	17. 巫溪职教中心	中职
	18. 华为技术有限公司重庆代表处	企业
	19. 北京华晟经世信息技术有限公司	企业
	20. 重庆京东方光电科技有限公司	企业
	21. 重庆长安汽车股份有限公司	企业
	22. 富士康科技集团(重庆)有限公司	企业
	23. 重庆鸿捷通信科技发展有限公司	企业
	24. 重庆直通物流有限公司	企业
	25. 泸州老窖集团有限责任公司	企业
	26. 深圳普乐创投投资管理有限公司	企业
	27. 重庆威冠实业有限公司	企业
	28. 重庆骏马电子科技有限公司	企业
	29. 重庆若可网络安全测评技术有限公司	企业
	30. 重庆海王星网络有限公司	企业
	31. 深圳宝德计算机系统有限公司	企业
	32. 重庆欧科建联科技有限公司	企业
	33. 蓝盾信息安全技术有限公司重庆分公司	企业
	34. 东方中讯数字证书认证有限公司	企业
	35. 翰海睿智大数据科技有限公司	企业
	36. 重庆职业教育学会传媒艺术专业委员会	联盟/专委会/指委会

续 表

	单位名称	单位性质
集团成员单位	37. 重庆电子信息技术职业教育指导委员会	联盟/专委会/指委会
	38. 中国通信工业协会信息安全与云计算校企联盟	联盟/专委会/指委会
	39. 重庆通信行业校企联盟	联盟/专委会/指委会
	40. 重庆市物联网产业协会教育与培训专委会	联盟/专委会/指委会
	41. 重庆市工业机器人专业教学指导委员会	联盟/专委会/指委会
	42. 重庆工商职业学院	专科
	43. 重庆青年职业技术学院	专科
	44. 重庆机电职业技术学院	专科
	45. 重庆三峡职业学院	本科
	46. 重庆工贸职业技术学院	专科
	47. 重庆能源职业学院	专科
	48. 重庆公共运输职业学院	专科
	49. 重庆商务职院	专科
	50. 重庆电讯职业学院	专科
	51. 重庆电力高等专科学校	专科
	52. 四川三河职业学院	专科
	53. 重庆房地产职业学院	专科
	54. 重庆市立信职教中心	中职
	55. 重庆市酉阳县职教中心	中职
	56. 重庆教育管理学校	中职
	57. 重庆市龙门浩职业教育中心	中职
	58. 重庆市黔江区民族职业教育中心	中职
	59. 巫溪文峰职业中学校	中职
	60. 重庆铜梁职教中心	中职
	61. 重庆云凯科技有限公司	企业
	62. 重庆昂码信息科技有限公司	企业
	63. 重庆城银科技有限公司	企业
	64. 重庆叠榭信息科技有限公司	企业
	65. 重庆凯米腾科技有限公司	企业
	66. 重庆世喆科技有限公司	企业
	67. 重庆朔悦科技有限公司	企业
	68. 重庆立固网兴网络有限公司	企业
	69. 重庆满四山科技有限公司	企业
	70. 重庆微标科技有限公司	企业
	71. 重庆中集物流股份有限公司	企业
	72. 重庆百居电子商务有限公司	企业

续 表

	单位名称	单位性质
集团成员单位	73. 金电联行(重庆)信息技术有限公司	企业
	74. 重庆库嘉教育科技发展有限公司	企业
	75. 重庆欧法教育信息咨询服务有限公司	企业
	76. 重庆隆鑫通用动力股份有限公司	企业
	77. 重庆远发耀翼企业管理咨询有限公司	企业
	78. 重庆长帆新能源汽车有限公司	企业
	79. 北汽银翔汽车有限公司	企业
	80. 恒亦明(重庆)科技有限公司	企业
	81. 聚物腾云物联网(上海)有限公司	企业
	82. 重庆汇锦电子工程有限公司	企业
	83. 重庆卓鹏科技有限公司	企业
	84. 重庆宇凡光电科技有限公司	企业
	85. 中电科技集团重庆声光电有限公司	企业
	86. 重庆君歌电子科技有限公司	企业
	87. 重庆中科渝芯电子有限公司	企业
	88. 北京百科融创教学仪器设备有限公司	企业
	89. 重庆百立丰科技有限公司	企业
	90. 大唐移动通信设备有限公司	企业
	91. 广东华讯工程有限公司	企业
	92. 重庆环联科技有限公司	企业
	93. 中国铁塔股份有限公司重庆分公司	企业
	94. 重庆爱立信通讯有限公司	企业
	95. 重庆永鹏网络科技有限公司	企业
	96. 重庆观度科技有限公司	企业
	97. 重庆仁宝机电成套设备有限公司	企业
	98. 重庆敏特汽车零部件有限公司	企业
	99. 北京天融信网络安全技术有限公司	企业
	100. 重庆小企鹅科技有限公司	企业
	101. 重庆晓维网络科技有限公司	企业
	102. 重庆银拓信息技术有限责任公司	企业
	103. 神州数码	企业
	104. 泰国北标工业教育学院	国外高校
	105. 泰国春武里技术学院	国外高校
	106. 泰国班派工业教育学院	国外高校
	107. 泰国洛坤技术学院	国外高校
	108. 泰国蓝彭技术学院	国外高校

续表

集团成员单位	单位名称	单位性质
	109. 泰国北榄技术学院	国外高校
	110. 韩国东亚大学	国外高校
	111. 韩国启明大学	国外高校

二、运行概况及成效

（一）机构健全运行有序

重庆电子信息职业教育集团由重庆电子工程职业学院牵头于 2016 年 12 月正式组建，2017 年上半年集团举行了第一次常务理事会和成立大会，市经信委副巡视员艾万忠、市教委高教处副处长吴岚出席大会，选举重庆电子工程职业学院现任校长聂强教授担任理事长。2018 年 4 月重庆市教委发布了《重庆市教育委员会关于同意重庆三峡库区医教协同职业教育集团等 9 个职业教育集团备案的通知》（渝教高函〔2018〕26 号）对集团正式备案。

集团主要依托下属的以重庆电子工程职业学院为牵头单位运行的中国通信工业协会信息安全与云计算校企联盟、重庆电子信息技术职业教育指导委员会、重庆通信行业校企联盟、重庆市物联网产业协会教育与培训专委会、重庆市工业机器人专业教学指导委员会、重庆职业教育学会传媒艺术专业委员会等六个专业联盟（专业指导委员会）开展工作。从上述六个联盟成员单位中精选了 41 个学校和企业组成常务理事单位，集团目前有 95 个成员单位。

集团下设创新创业工作委员会，统筹集团双创工作，开展科技研发与技术成果转化；成立中高本衔接工作委员会，负责"3+2"和五年一贯制中高职衔接和与应用型本科专业对接；成立国际合作交流工作委员会，内应外连开展合作和走出国门，以提升职业教育的国际影响力和加快职教资源国际化进程；成立职业培训与就业工作委员会，开展社会培训和社会服务工作，以提高集团社会服务能力。

集团秘书长由副校长龚小勇担任，副秘书长由副理事长单位的代表华为公司的李华强（重庆副总）、合作发展处处长莫绍强教授和原教务处处长张进春教授担任（2018 年 12 月召开年会调整为现任教务处处长王正勇）。学校在国际交流与合作发展处内部设有职教集团秘书处办公室主任这一科级岗位，由 1 名科长和 1 名职员专职负责职教集团日常事务。由成员单位表决通过的《重庆电子信息职业教育集团章程》及秘书处工作例会制度等相关管理制度已经制定并在不断完善，建设了职教集团专门网站 www.cqit.org。

（二）校企合作硕果累累

（1）与华为、长安集团、京东方、京东、阿里巴巴等成员（或拟加入集团）企业共建技能大师工作室 5 个、生产性实训基地 55 个、协同创新中心 8 个。集团成员企业为成员院校提供兼职教师团队 15 个。在计算机网络技术、信息安全与管理、物联网应用技术、光电技术应用、应用电子技术等专业共同制定教学标准。

（2）共建产业学院，培养精英人才。集团理事长单位先后与长安汽车合作共建"长安汽车大学智能制造工程学院",与华为、泰克教育共建"重电-华为ICT学院",与北京新大陆时代教育科技有限公司共建"重电-新大陆物联网学院",与启明星辰共建"启明星辰网络空间安全学院",与海尔集团共建"重电-海尔智能电子学院",与南京第五十五所、腾讯云计算(北京)公司共建"腾讯云云计算人才学院";与中关村加一战略新兴人才发展中心、新迈尔(北京)科技有限公司共建"中关村数字媒体学院"。

(3)校企深度合作开展现代学徒制试点。集团院校成员以专业群为单位组建了"卓越人才培养试点班""工匠工坊支持计划"和"星光大道奖励计划",共立项建设了13个卓越人才培养试点班,400多名学生直接受益,立项了29个工匠工坊,培养了200多名学生。结合重庆产业布局,工业机器人技术、软件技术等6个专业作为现代学徒制试点,以探索校企新型人才培养模式。

(4)集团成立两年来,承担各类技术培训研发项目230多项,收入2 800多万元;获得中兴通讯、重庆铁塔、广州粤嵌等企业的捐赠690多万元;为企业培训员工3 200人次,面向社会开展培训12 000余人次,开展技能鉴定10 000余人;投入培养培训经费778万元,校企合作订单班20个,联合培养学生813人,制定人才培养方案6个,修订完善专业、课程、岗位标准54个,开发工学结合教材18部;组织岗位实习与就业招聘对接活动23次;申报各类教科研课题超过10项,获得授权专利30余项。

(5)与国家和地方著名企业深度合作。与国内电子信息龙头企业华为在共建产业学院、项目立项、国内外专业技术人员ICT技术培训、人才培养需求调研及学生就业等方面开展合作,在产教融合上力求最大创新和共赢。另与重庆本土企业长安集团合作,2018年共培训长安经销商维修技师689人,培训集团内学校的专业带头人、教师等297人,并承办了长安欧尚汽车经销商维修技能大赛、长安新能源科技有限公司经销商维修技能大赛,还与长安集团合作开发了长安商用车星级维修技师培训理论教程(五星)、长安商用车星级维修技师培训认证教程(四星、五星)等10门教程。

(三)贯通教育稳步实施

重庆秀山职教中心等10多所中职学校与集团成员的高职院校合作办学,联合开展"3+2"人才培养,理事长单位与重庆立信职教中心开展"五年一贯制"电子信息工程技术专业人才培养,与重庆邮电大学开展了"应用本科"的合作。集团成员中高职衔接贯通专业达40余个,学生2 000多人。校企共同探索贯通式人才培养模式,联合专委会、中职、高职、应用本科学校及电子信息行业企业专家,根据"市场导向确定专业定位,校企互动制定人才培养方案"的专业建设思路,系统构建中职升高职本科、高职升本科贯通式人才培养"立交桥"。

(四)国际影响持续扩大

(1)理事长单位牵头与老挝琅南塔省教育厅、亚龙智能装备集团股份有限公司共同签署了"共建老挝、亚龙丝路学院三方战略合作协议",成立了"老挝重庆电子工程职业学院亚龙丝路学院",依托"丝路学院"探索校政企"三位一体",共建国际化人才培养模式。

(2)与泰国曼谷职业教育中心、北京唐风教育科技公司签订了《"一带一路"职业教育国际合作框架协议》,设立了职教集团国际(泰国)分校。泰国学生第一年在本国学习汉语,后两年或三年进入中国,在集团成员的院校学习,取得专科或本科学历。

（3）集团吸收法国、韩国、泰国、马来西亚等国的高校加入，派出 20 余名教师赴法国亚眠大学留学研修，接收法国高校师生来我校和集团高职院校访问交流，累计派出 30 余名学生前往马来西亚博特拉大学交换学习，以拓展学生国际视野；接待来自 18 个国家（或地区）的来访团组，共计 40 余人次。

（4）组织集团成员单位重庆工程职业技术学院、重庆工业职业技术学院联合开展留学生招生，接收来自东南亚和中亚 20 余个国家的长短期留学生和在职培训人员 300 余人。

（5）集团成员组织学生参加国际大赛，荣获"蓝桥杯"国际大赛二等奖 3 项、三等奖 2 项；荣获首届中英 STEAM 创新作品国际大赛一等奖，并获得牛津大学创新研究院推荐书。

（五）辐射引领服务地方

2017 年 12 月，集团理事长单位与万盛经开区、华为技术有限公司、中国信息通信研究院西部分院签订了合作框架协议，四方共同组建了重庆万盛电子信息技术创新创业研究院有限公司，公司内设教育培训中心，除了开展电子信息技术中职学历教育以外，还有 ICT 在岗人员技能提升、技能等级培训和岗前培训。此外，该培训中心还下设"一分院三基地一中心"，即"重庆电子工程职业学院-华为万盛 ICT 分院""万盛经开区 ICT 培训基地""华为万盛 ICT 人才培养基地""中国信息通信研究院西部分院 ICT 创新创业培训基地"和"重庆电子工程职业学院 ICT 研究中心"，这一模式成为高职学院服务区县经济的典型案例。

（六）扶贫攻坚精准发力

由集团理事长和部分副理事长单位发起，组织集团成员重庆威冠实业有限公司、重庆华雄实业（集团）有限公司、重庆商达电脑科技有限责任公司、重庆丰锐照明设备有限公司、重庆西物科力电子技术有限公司等企业赴巫溪县天元乡开展精准扶贫，就农产品电商销售、大数据信息、生态农业开发、水利修建、贸易流通、旅游产品开发等方面实地调研，寻找扶贫措施，制定的扶贫攻坚实施方案，并成功将高山百香果项目引进贫困山区，建立了职教集团"学生社会实践基地"，发动企业和学校师生捐款捐物累计达 60 多万元。

三、发展规划

（一）五年发展目标与思路

1. 指导思想

深入学习十九大精神和习总书记系列讲话精神，加强产教融合、校企合作，贯彻全国教育大会精神，贯彻落实《国务院办公厅关于深化产教融合的若干意见》《教育部关于深入推进职业教育集团化办学的意见》，充分发挥重庆电子信息职教集团在办学模式、治理结构、运行机制、服务技术、技能人才培养等方面的示范引领作用。职业教育集团服务发展方式转变、服务区域协调发展、服务促进就业创业、服务现代职业教育体系建设的能力得到全面加强。

2. 发展思路

坚持以服务发展为宗旨、促进就业为导向，以建设现代职业教育体系为引领，以提高技术技能人才培养质量为核心，以深化产教融合、校企合作，创新技术技能人才系统培养机制为重点，充分发挥政府推动和市场引导作用，本着加入自愿、退出自由、育人为本、依法办学的原则，鼓励国内外职业院校、行业、企业、科研院所和其他社会组织等各方面力量加入职业教育集团,探索多种形式的集团化办学模式,创新集团治理结构和运行机制,全面增强职业教育集团化办学的活力和服务能力。主要思路有:

(1) 完善机制和集团治理结构

集团成员包括行业、企业、学校、科研院所和社会组织等多元主体。建立共同决策的组织结构和决策模式,完善机构运行、经费运行、考核情况、激励情况的制度建设,以及集团内部治理结构和决策机制,有利于促进集团成员的深度合作、紧密运行和协同发展。

(2) 全力推进资源共建共享

资源整合能力反映集团资源的综合利用程度,是考查集团有效性的重要指标。有效整合集团内的职业教育资源,实现在人力资源、设备资源、资金资源、市场资源、技术资源和文化资源等方面的共建共享,促进职业院校、行业、企业和区域之间的资源共享、优势互补、共同发展。

(3) 着力提升集团成员院校的人才培养质量

集团实行校企合作育人,共同促进教学内容及时反映产业发展需求、区域特点和时代特色。人才培养质量的重要成果主要包括:校企联合培养(如订单培养、委托培养、定向培养、现代学徒制试点等);集团内企业为学生提供充足的实习实训岗位;实现中高职人才培养衔接;注重紧缺人才培养;提升信息化技术应用与教学能力。

(4) 全方位提升集团综合服务能力

集团服务国家、区域发展的战略为区域经济提供了强力人才支撑,包括面向企业员工开展岗前培训、岗位培训、继续教育,促进国内外企业和人才的交流与合作,服务本区域、本行业发展,以城带乡、以强带弱,精准扶贫等。

(5) 深入推进产教融合、校企合作

发挥行业与企业在职业教育办学中的参与和主体作用,促进职业院校与行业、企业紧密联系,特别是在技术开发与合作;科研成果转化;职业技能鉴定;实现技术技能积累,对接产业发展、岗位变化的新工种开发和培育;校企文化有机融合;建设产学研一体化研发中心和共享型教学团队等方面取得了重要成果。

3. 发展目标

经过两年建设,将重庆电子信息职教集团建设成西南地区有影响力的职业教育集团;经过五年建设,使其成为国家级示范性职教集团。建立成员间资源信息共享的长效运行机制,集团成员参与集团化办学的积极性增强,集团的吸引力和国际、国内的影响力显著提升。具体目标主要有:

(1) 完善集团工作机制,搭建校企合作交流平台

每年组织召开1次年会,每月召开一次秘书处工作例会,完善工作机制,围绕深化产教融合、校企合作育人的目标,认真制订年度工作计划并组织集团成员单位共同商议。成员单位积极参与集团建设,各项工作有序开展。建立成员单位评价机制和考核办法,利用网络平台跟踪并动态反映成员单位产学合作信息,建立成员单位参与集团工作考核评价机制,制定成员单位进入、退出标准,每年新增或调整成员单位10%。

畅通信息发布、报送和搜集渠道,完善网站内容,建设信息化平台,成员单位能通过信息

化平台及时发布相关消息,实现信息共享。

搭建校企合作交流平台,搭建学生实习实训共享和学生顶岗实习的平台;按专业大类及时发布学生实习实训的时间、人数,解决合作企业的临时用工问题。

(2) 加快公共服务资源建设,提升优质资源共享水平

推进集团共享课程资源建设,鼓励成员单位优质资源网络共享,提高资源利用效率;加快集团院校共享师资库的建设,做好企业兼职师资信息提供,进一步发挥兼职师资在成员单位共享的作用;加强成员单位技术服务项目的收集,组织团队为成员企业提供服务;推进信息资源与信息技术服务工作,进一步开放成员院校信息资源,为集团成员单位提供信息技术支持和公益培训,提高资源共享水平。

自主研发"共享实训基地公共资源整合及管理服务平台",建成在集团成员单位内可共享的课程(10门以上);集团共享师资库容量达到150人以上;建成3~5个技术服务团队,开发技术服务、技术培训等项目(均大于10个)。建立更加有效的资源共享机制,集团在人力资源、实训和生产设备设施、技术资源和文化资源等方面实现有效共享,促进成员学生实习实训、新员工招录、技术研发与服务、专业与课程建设、学校教师和企业技术骨干岗位任职交流。

(3) 集团下设专委会协调配合,推进集团化办学特色发展

服务"一带一路"倡议,搭建国际化合作与交流平台。集团下设的国际合作专委会负责搭建的海外合作平台,将成员单位韩国启明大学、马来西亚博特拉大学和多媒体大学、法国亚眠大学、泰国春武里技术学院等高校的资源引入国内企业和学校,开展技术合作、教师互访、学生交换等。

集团下设的创新创业委员会每年牵头组织一次集团企业和学校广泛参与的创新创业和职业技能大赛,开展创业精英巡回进校园活动。

集团下设的职业培训与就业委员会负责搭建学校与企业合作开展新技术研发与服务、员工培训、学生定岗实习与就业的平台。

集团下设的贯通教育委员会负责协调成员学校开展中职、高职应用本科的学历贯通教育,并制定贯通教育的人才培养方案。按专业群组织企业和成员学校广泛参与编写人才培养标准,开发教材;2021年组织成员学校与华为公司联合开发与物联网技术相关的2门课程,与泰国学校合作开发国际课程2门,并在泰国的职业院校推广使用。

(4) 持续推进合作育人与技术服务,彰显集团化办学成效

积极探索"对接产业、联合企业、服务行业"的产学合作模式,大力推进校企订单培养、联合培养新型模式,推行岗位实习与就业招聘对接,提高人才适用性,进一步提升技术技能人才培养质量;强化"3+2""五年一贯制"等中高职衔接教育,加强课程体系、教学内容、评价标准的建设,强化中高职有机衔接;积极开展中高职继续教育合作和校企继续教育合作,满足企业对员工技术能力和学历提升的需求;依托人社部门、集团成员院校等培训鉴定机构,广泛组织开展技术培训与技能鉴定;发挥集团成员院校人才科研优势,加强横向合作,针对行业企业技术需求,组织开展技术研发与应用等技术服务。以政校行企深度合作、产学研用立体推进,彰显区域职业教育集团化办学成效。

组建校企人才联合培养20个班次,培养学生1 000人以上;组织岗位实习与就业招聘对接活动10场;中高职衔接开办专业40个(学生数达2 000人以上);面向社会开展培训,人数不低于1万人次;校企联合申报各类教科研课题超过10项,获得授权专利超过20项。

(5)深入开展交流研究,指导集团化办学持续发展

加强与地方各级政府及产业主管部门、行业协会等的联系合作,积极争取产业部门的指导与支持,优化成员院校专业设置,提高专业与产业的匹配度;完善集团各专业群合作委员会/联盟组织架构,组建专业建设指导委员会、技术服务中心等基层组织;广泛开展"产教论坛、成员对话"等多种形式的对接活动。组织开展与产业主管部门等的"对口交流"2次,开展人才需求调研3次;开展专业建设专题研讨活动5次;各专业联盟、专业合作委员会"产教合作"等论坛不少于3场。

总结经验,提炼模式,加强集团化办学的报道,提升集团在重庆市内外的知名度和影响力;加强调研与对口交流,办好集团简报、集团网站,持续跟踪全国集团化办学动态;加强集团在重庆市电子信息行业职业教育集团化办学方面的研究,组织开展针对性项目研究,邀请各方面专家诊断咨询、指导集团建设与发展。配合重庆市职教集团办学制度建设研究课题,完成集团化办学相关制度建设和理论研究。

(二)保障措施

重庆市教委发布的《关于公布2018年重庆市高等职业教育共享实训基地立项建设名单的通知》(渝教高发〔2018〕18号)确定了集团理事长单位重庆电子工程职业学院电子信息共享实训基地为2018年重庆市高等职业教育共享实训基地立项建设项目,该基地于2019年完成共享资源建设,建成开放性、公益性、服务性、示范性的电子信息共享实训基地,面向集团成员单位提供服务。

重庆市教委发布的《关于公布2018年重庆市高等职业教育双基地建设项目立项(培育)建设名单的通知》(渝教高发〔2018〕19号)公布了2018年重庆市高等职业教育(校企合作)双基地建设项目立项建设名单,集团理事长单位重庆电子工程职业学院名列其中。获批的三个双基地项目将建成兼具教学和生产双重功能、校企双主体深度合作培养培训技术技能人才的双基地,实现人才培养模式创新、双师培养和互聘、双证培训和融通,促进人才培养与企业需求无缝对接,提升技术技能人才培养能力,全面增强集团服务地方经济社会发展的能力。

重庆市教委发布的《关于公布2018年重庆市高等职业教育校企合作示范项目立项建设名单的通知》(渝教高发〔2018〕20号)确定了集团理事长单位重庆电子工程职业学院立项建设校企合作示范项目。破解校企合作体制机制障碍,实现引企参与人才培养、校企互动,以典型经验、示范案例形式,增强高职院校吸引合作企业多形式参与人才培养的积极性,助推重庆市产业提质增效和转型升级。

政府的上述主动作为,为集团化办学这一产教融合校企合作的载体提供了更多的经费支持和政策保障,我校作为重庆电子信息职教集团理事长单位,一定勇担责任,先行先试,不断探索创新集团化办学的治理结构和运行模式。

学校已将职教集团建设纳入国家职业教育创新发展行动计划和重庆市优质校建设项目,并从组织、经费、场地、人员、机制等方面予以重点保障。

四、审核意见

学校意见	按照重庆市教育委员会办公室发布的《重庆市教育委员会办公室关于开展示范性职业教育集团评选认定工作的通知》(渝教办函〔2018〕328号)的精神,重庆电子信息职业教育集团秘书处组织成员单位认真学习文件精神,领会示范职业教育集团评选的内涵指标,按照申报条件逐一进行了对照检查,集团理事长单位认为我校牵头的重庆电子信息职业教育集团工作成效显著,资源共享到位,服务能力提升,具备了示范性职业教育集团的基本条件,同意申报。 　　　　　　　学校(盖章)：　　　　　法人签字： 　　　　　　　　　　　　　　　　　　　　　年 月 日
市教委 审核意见	 　　　　　　　盖章：　　　　　　　　签　字： 　　　　　　　　　　　　　　　　　　　　　年 月 日

附录2 补充材料清单

自查报告补充材料清单如下。

(1)《重庆市教育委员会关于同意重庆三峡库区医教协同职业教育集团等9个职业教育集团备案的通知》(见1.2.6节,此处不赘述)

(2)《重庆市教育委员会关于公布2018年重庆市高等职业教育示范性职业教育集团认定(培育)名单的通知》

(3)《重庆电子信息职业教育集团章程》(见3.3.6节,此处不赘述)

(4)《重庆电子信息职业教育集团主要职能及秘书处工作职责》(见3.3.7节,此处不赘述)

(5)《重庆电子信息职业教育集团理事会工作例会制度》(见3.3.2节,此处不赘述)

(6)《重庆电子信息职业教育集团协议书》(见3.3.8节,此处不赘述)

(7)《重庆电子信息职业教育集团理事会议事制度》(见3.3.4节,此处不赘述)

(8)重庆电子信息职业教育集团:携手华为,三联四建三育,助力ICT产业链蓬勃发展(见4.5.1节,此处不赘述)

(9)重庆电子信息职业教育集团:全价值链校企联盟下的"3·3·3"人才培养模式创新与实践

(10)中国通信工业协会信息安全与云计算校企联盟简介(见3.2.1节,此处不赘述)

(11)重庆电子信息技术职业教育指导委员会简介(见3.2.1节,此处不赘述)

(12)重庆通信行业校企联盟简介(见3.2.1节,此处不赘述)

(13)重庆市物联网产业协会教育与培训专委会简介(见3.2.1节,此处不赘述)

(14)重庆市工业机器人技术专业教学指导委员会简介(见3.2.1节,此处不赘述)

(15)重庆市职业教育学会传媒艺术专业委员会简介(见3.2.1节,此处不赘述)

(16)《重庆电子信息职业教育集团关于召开2018年年会的通知》(见3.2.1节,此处不赘述)

(17)重庆电子信息职业教育集团2018年年会照片(见3.2.1节,此处不赘述)

(18)重庆电子信息职业教育集团2018年年会媒体报道(见3.2.1节,此处不赘述)

重庆市教育委员会文件

渝教高发〔2019〕4号

重庆市教育委员会关于公布2018年重庆市高等职业教育示范性职业教育集团认定(培育)名单的通知

各高职(专科)院校:

根据《重庆市教育委员会办公室关于开展示范性职业教育集团评选认定工作的通知》(渝教办函〔2018〕328号)的要求,经学校申报、评审、公示,确定重庆职业教育基地财贸职业教育集团等5个为示范性职教集团、重庆现代服务业职业教育集团等5个为培育建设单位,现予公布。

一、明确建设目标。希望上述职教集团牵头学校按照建设目标和建设内容的要求,优化建设方案,建立科学高效运行机制和管理制度,全面推进产教融合、校企合作,优化整合各类职业教育资源,提升技术技能人才培养质量和服务社会发展能力,尽快形成一批彰显我市职业教育办学特色,具有引领和带动作用的示范性职业教育集团。

二、注重过程管理。希望上述职教集团要强化目标导向和过程管理。市教委将通过年度绩效考核、专项审计、项目验收等程序,对认定的职教集团实施动态管理、动态调整。检查、验收不合格者,取消建设资格并追回建设经费。市教委将适时组织对培育职教集团的验收,合格后可认定为示范职教集团继续建设。

三、保障经费投入。各院校应加大投入力度,将建设项目所需的建设资金列入年度预算,确保建设资金足额到位。对列入重庆高等职业教育示范职教集团的牵头院校,市教委结合项目建设方案,对每个职教集团建设项目进行财政资助。

联系人及电话:刘 康 吴 岚
    60×××× 34 60×××× 46

附件:1. 2018年重庆市高等职业教育示范性职业教育集团认定(培育)名单
     2. 重庆市高等职业教育示范性职业教育集团建设标准

重庆市教育委员会
2019年4月1日

附件 1

2018 年重庆市高等职业教育示范性职业教育集团认定(培育)名单

序 号	学校名称	职教集团名称	备 注
1	重庆财经职业学院	重庆职业教育基地财贸职业教育集团	认定
2	重庆工业职业技术学院	重庆智能制造职教集团	认定
3	重庆电子工程职业学院	重庆电子信息职业教育集团	认定
4	重庆医药高等专科学校	重庆医药职业教育集团	认定
5	重庆水利电力职业技术学院	重庆水利水电职业教育集团	认定
6	重庆城市管理职业学院	重庆现代服务业职业教育集团	培育
7	重庆工程职业技术学院	重庆测绘地理信息职业教育集团	培育
8	重庆三峡医药高等专科学校	重庆三峡库区医教协同职业教育集团	培育
9	重庆公共运输职业学院	西南轨道交通职业教育集团	培育
10	重庆三峡职业学院	重庆市现代农业职教集团	培育

第二批示范性职业教育集团(联盟)培育单位名单

序 号	集团名称	牵头单位
1	中国都市农业职业教育集团	北京农业职业学院 北京首农食品集团有限公司
2	北京昌平职业教育集团	北京市昌平职业学校
3	北京城市建设与管理职业教育集团	北京工业职业技术学院
4	天津交通职业教育集团	天津交通职业学院
5	京津冀模具现代职业教育集团	天津轻工职业技术学院
6	河北省交通职业教育集团	河北交通职业技术学院 河北轨道运输职业技术学院
7	河北省旅游职业教育集团	河北旅游职业学院
8	河北省软件与服务外包职业教育集团	石家庄职业技术学院 河北新龙科技集团股份有限公司
9	河北省现代农业职业教育集团	唐山职业技术学院
10	河北省新能源职业教育集团	河北能源职业技术学院
11	山西煤炭职业教育集团	山西工程职业学院
12	山西省材料与信息职业教育集团	山西职业技术学院

续表

序 号	集团名称	牵头单位
13	内蒙古电子信息职业教育集团	内蒙古电子信息职业技术学院
14	内蒙古化工职教集团	内蒙古化工职业学院
15	内蒙古铁路职业教育集团	包头铁道职业技术学院
16	全国路桥职业教育集团	辽宁省交通高等专科学校
17	辽宁石油化工职业教育集团	辽宁石化职业技术学院
18	辽宁现代金融职业教育集团	辽宁金融职业学院
19	辽西北职业教育联盟	辽宁职业学院
20	北方旅游职业教育集团	吉林电子信息职业技术学院
21	吉林化工职业教育集团	吉林工业职业技术学院
22	吉林省金融职教集团	长春金融高等专科学校
23	长春市机械制造职业教育集团	长春市机械工业学校
24	哈尔滨现代服务职业教育集团	哈尔滨科学技术职业学院
25	双辽市职业教育集团	双辽市职业中专
26	全国防爆电器职业教育集团	黑龙江能源职业学院
27	黑龙江农业工程职业教育集团	黑龙江农业工程职业学院
28	黑龙江省畜牧兽医职业教育集团	黑龙江职业学院
29	黑龙江省牡丹江市区域性中等职业教育集团	牡丹江市职业教育中心学校
30	崇明职业教育集团	上海市崇明区教育局
31	上海旅游职业教育集团	上海旅游高等专科学校 上海市商贸旅游学校
32	上海闵行职教集团(联盟)	上海市闵行区教育局
33	上海现代护理职业教育集团	上海健康医学院附属卫生学校
34	上海现代农业职业教育集团	上海市农业学校
35	江苏财经职业教育集团	江苏财经职业技术学院
36	江苏地质职业教育集团	江苏省南京工程高等职业学校
37	江苏核电建设职业教育集团	扬州工业职业技术学院
38	江苏交通运输职业教育集团	南京交通职业技术学院
39	江苏现代农业校企(园区)合作联盟	苏州农业职业技术学院
40	盐城市纺织职业教育集团	盐城工业职业技术学院
41	全国航海职业教育集团	江苏航运职业技术学院
42	全国机械行业现代机电技术职业教育集团	南京工业职业技术大学

续表

序号	集团名称	牵头单位
43	全国检验检测认证职业教育集团	常州工程职业技术学院 中国检验检疫科学研究院
44	苏州智能制造职业教育集团	苏州工业职业技术学院
45	中国电子信息行业联合会物联网产教联盟	江苏信息职业技术学院
46	中国服务外包产教联盟	苏州工业园区服务外包职业学院
47	全国安防职业教育联盟	浙江警官职业学院 浙江省安全技术防范行业协会
48	衢州市衢江区职业教育集团	衢州市衢江区职业中专
49	浙江旅游职业教育集团	浙江旅游职业学院
50	浙江三江职业教育集团	浙江工商职业技术学院
51	台州湾职业教育集团	台州职业技术学院
52	全国高等职业院校技术应用服务联盟	温州职业技术学院
53	浙江省职业教育集团	浙江省机电集团有限公司
54	宁波市鄞州区烹饪职教集团	宁波市古林职业高级中学
55	宁波现代服务业职业教育集团	宁波城市职业技术学院
56	宁波智能制造职教集团	宁波职业技术学院
57	绍兴市纺织职业教育集团	绍兴市柯桥区职业教育中心
58	安徽大别山职业教育集团	六安职业技术学院
59	安徽国防科技职业教育集团	安徽国防科技职业学院
60	安徽能源职教集团	淮南职业技术学院 安徽能源技术学校
61	安徽现代城市职业教育集团	安徽城市管理职业学院
62	安庆职业教育集团	安庆职业技术学院
63	合肥市现代职业教育集团	合肥市教育局
64	闽江文旅演艺职业教育集团	闽江师范高等专科学校
65	厦门市旅游职业教育集团	厦门南洋职业学院
66	福建省汽车职业教育集团	福建船政交通职业学院 福州万商汽车服务有限公司
67	陶瓷职业教育集团	江西陶瓷工艺美术职业技术学院
68	江西财经职教集团	江西财经职业学院
69	江西国际商务职业教育集团	江西外语外贸职业学院
70	江西国土资源职业教育集团	江西应用技术职业学院

续表

序号	集团名称	牵头单位
71	山东电子信息职业教育集团	山东电子职业技术学院
72	山东交通运输职业教育集团	山东交通职业学院
73	山东省机械行业职业培训教育集团	山东劳动职业技术学院
74	山东省现代水利职业教育集团	山东水利职业学院
75	山东食品药品职业教育集团	山东药品食品职业学院
76	山东冶金职业教育集团	山东工业职业学院
77	青岛电子信息业职业教育集团	青岛电子学校
78	青岛市财会金融业职教集团	青岛华夏职业学校
79	济南市信息技术职业教育集团	济南职业学院
80	德州职业教育集团	德州职业技术学院
81	郑州铁路高等职业教育集团	郑州铁路职业技术学院
82	河南旅游管理高等职业教育集团	郑州旅游职业学院
83	河南省交通运输职业教育集团	河南交通职业技术学院
84	河南省商贸职业教育集团	河南省商务中等职业学校
85	河南省学前教育集团	郑州幼儿师范高等专科学校
86	河南省豫北高等职业教育集团	鹤壁职业技术学院
87	湖北护理职业教育集团	湖北职业技术学院
88	湖北建设职业教育集团	湖北城市建设职业技术学院
89	湖北交通职业教育集团	湖北交通职业技术学院
90	湖北旅游职业教育集团	武汉职业技术学院
91	湖北省林业职业教育集团	湖北生态工程职业技术学院
92	湖北水利水电职业教育集团	湖北省水利厅 湖北水利水电职业技术学院
93	湖北现代畜牧业职业教育集团	襄阳职业技术学院
94	武汉汽车职业教育集团	武汉城市职业学院
95	航空工程职业教育集团	长沙航空职业技术学院
96	衡阳农林职业教育集团	湖南环境生物职业技术学院
97	湖南商贸旅游职业教育集团	长沙商贸旅游职业技术学院
98	南方高铁人才培养与技术合作联盟	湖南高速铁路职业技术学院
99	南方铁路运输职业教育集团	湖南铁路科技职业技术学院
100	湖南水利职业教育集团	湖南水利水电职业技术学院
101	湖南文化产业职业教育集团	湖南大众传媒职业技术学院

续表

序 号	集团名称	牵头单位
102	湖南现代畜牧养殖职业教育集团	永州职业技术学院
103	广州工业交通职业教育集团	广州铁路职业技术学院
104	东莞市模具(国际)职业教育集团	东莞市机电工程学校
105	佛山职业教育校企合作联盟(集团)	佛山职业技术学院
106	广东纺织职业教育集团	广东职业技术学院
107	广东工程职业教育集团	广东工程职业技术学院
108	广东农业职业教育集团	广东科贸职业学院
109	广东省南亚热带农业职业教育集团	广东农工商职业技术学院
110	广东通信职业教育集团	广东邮电职业技术学院
111	中山市专业镇特色产业职业教育集团	中山职业技术学院
112	深圳第一职业教育集团	深圳市第一职业技术学校
113	南宁市中等职业教育商贸旅游专业集团	南宁市第一职业技术学校
114	广西交通运输职业教育集团	广西交通职业技术学院
115	广西农业职业教育集团	广西农业职业技术学院
116	广西商务职业教育集团	广西国际商务职业技术学院
117	广西学前教育职业教育集团	广西幼儿师范高等专科学校
118	重庆测绘地理信息职业教育集团	重庆工程职业技术学院
119	重庆电子信息职业教育集团	重庆电子工程职业学院
120	重庆工商职业教育集团	重庆工商学校
121	重庆三峡库区医教协同职业教育集团	重庆三峡医药高等专科学校
122	重庆市江南农民就业创业培训集团	重庆市江南职业学校
123	重庆现代服务业职业教育集团	重庆城市管理职业学院
124	绵阳职业教育集团	绵阳职业技术学院
125	泛美航空职业教育集团	四川泛美教育投资集团有限责任公司 四川西南航空职业学院
126	四川财经职业教育联盟	四川财经职业学院
127	四川建设职业教育集团	四川建筑职业技术学院
128	四川轻工职业教育集团	四川工商职业技术学院
129	四川省装备制造业产教联盟	四川工程职业技术学院
130	四川水利职业教育集团	四川水利职业技术学院
131	四川现代农业职业教育集团	成都农业科技职业学院 新希望六和股份有限公司

续表

序号	集团名称	牵头单位
132	贵阳市装备制造及轨道交通职业教育集团	贵阳职业技术学院
133	贵州大数据产业职业教育集团	贵州交通职业技术学院
134	贵州省建设职业教育集团	贵州建设职业技术学院
135	玉溪烟草职业教育集团	玉溪农业职业技术学院
136	云南经贸外事职业教育集团	云南经贸外事职业学院
137	云南省旅游职业教育集团	云南旅游职业学院 昆明假日国际旅行社有限公司
138	云南省曲靖市麒麟职业教育集团	曲靖市麒麟职业技术学校
139	陕西城镇建设职业教育集团	陕西职业技术学院
140	汉中职业教育集团	汉中职业技术学院
141	西安轨道交通职业教育集团	西安铁路职业技术学院
142	咸阳职业教育集团	咸阳职业技术学院
143	甘肃省汽车行业职教集团	兰州石化职业技术学院
144	甘肃省测绘地理信息职业教育集团	甘肃建筑职业技术学院
145	甘肃省焊接专业职业教育集团	甘肃钢铁职业技术学院
146	甘肃省智能制造职业教育集团	甘肃机电职业技术学院
147	青海建筑通信职业教育集团	青海建筑职业技术学院
148	宁夏现代服务业职业教育集团	宁夏财经职业技术学院
149	新疆轨道交通职业教育集团	新疆铁道职业技术学院

附件2

重庆市高等职业教育示范性职业教育集团建设标准

一级指标	二级指标	观测点
1. 集团基本情况	1.1 集团章程	章程规范、科学,具有可操作性
	1.2 集团组织	1.2.1 集团规模成员单位20家以上 1.2.2 集团成员结构合理,学校、企业各不少于10家
	1.3 管理制度	1.3.1 制定了集团发展规划,与区域经济发展高度吻合 1.3.2 集团管理制度完善
	1.4 牵头单位	1.4.1 办学成效突出 1.4.2 人才培养质量高 1.4.3 社会影响力强

续 表

一级指标	二级指标	观测点
2. 集团管理运行情况	2.1 运行机制	2.1.1 集团内部治理结构完善,集团有健全的会商、决策、考评、奖惩机制 2.1.2 日常工作运行良好
	2.2 服务信息	2.2.1 建立集团化办学信息交流与服务平台 2.2.2 共享信息资源丰富
	2.3 教学资源	2.3.1 专业共建共享 2.3.2 师资共培共享 2.3.3 课程共建共享 2.3.4 教材共建共享 2.3.5 基地共建共享
3. 集团办学成效	3.1 人才培养	3.1.1 校企联合培养情况(如现代学徒制试点、订单培养、委托培养、定向培养等) 3.1.2 集团内企业为学生提供实习实训岗位情况 3.1.3 搭建现代职业教育人才培养"立交桥"情况 3.1.4 产业急需人才培养情况 3.1.5 学生就业创业情况
	3.2 产学研合作	3.2.1 职业技能鉴定、行业培训等 3.2.2 集团内部校企合作专利数及成果转化、技术技能积累情况
	3.3 服务区域(行业)发展	3.3.1 专业设置和布局与区域、行业企业需求相适应、协调 3.3.2 服务国家发展战略(如"一带一路"倡议等) 3.3.3 服务本区域、本行业(如推动或参与行业标准的制定等)发展
	3.4 服务就业创业	3.4.1 院校为集团内企业职工培训 3.4.2 就业创业服务
4. 集团保障机制	4.1 教育主管(政府)部门	4.1.1 当地政府积极推动并出台相应政策支持职业教育集团发展 4.1.2 宣传成绩突出的优秀案例 4.1.3 获得双基地、校企合作示范项目、骨干专业、专业资源库等教育主管部门立项(培育)建设项目
	4.2 经费保障	4.2.1 有稳定的日常经费 4.2.2 经费来源多元 4.2.3 经费使用情况(预算、决算、明细清单、绩效报告等)
5. 特色与创新		集团在服务国家或区域发展战略等方面理念先进、特色鲜明、成绩突出 集团在制度建设、运行机制、国际合作等方面改革创新,并取得明显成效,具有推广价值 集团促进了本地区本行业职业教育的发展,提升了职业教育的社会影响力

重庆市教育委员会办公室　　　　　　　　　　　　2019年4月1日印发

全价值链校企联盟下的"3·3·3"人才培养模式创新与实践

重庆市电子信息职业教育集团

甘守武　张进春　陈志军

摘要：产业的发展取决于其产业链上各个环节的发展，每个环节都具备强大的生产能力和创新能力，整个产业才会具备强大的竞争力。作为产业企业人才培养基地的职教集团，是产业链、价值链上的重要一环，要为我国产业优化升级提供强大的人才支撑。而当前，我国职教集团服务产业发展的能力还比较欠缺，校企合作普遍存在"表层合作""碎片合作""局域合作"等低效循环现象，特别是在教学中还存在三个"脱节"问题，即培养目标与产业链需求脱节、课程体系与岗位群需求脱节、学校教育与再提升需求脱节，不能培养出具备较强岗位适配性和生产创造力的技术技能人才。要破解三个脱节的问题，必须遵循职业教育规律，在产教融合、校企合作的基础上不断探索人才培养模式的改革创新。

关键词：职教集团；课程体系；产教融合

一、集团简介及组织架构

重庆电子信息职业教育集团是由重庆市教育委员会、重庆市发展改革委员会、重庆市财政局、重庆市经济和信息化委员会和有关行业协会等联合指导，由重庆电子工程职业学院牵头，由全国电子信息产业领军企业，电子信息类本科、高职、中职院校，行业协会，研究院所组成，具有联合性、非营利性等特性的契约型独资、合资、合作等多元合作体制下运行的职业教育产教联合体。

集团将坚持围绕重庆电子信息、汽车电子、智能机器人、电子商务、云计算、大数据等新兴产业的发展，秉着"市场驱动创新机制"的原则，充分发挥市场在资源配置中的决定性作用，以共同利益为纽带，搭建资源共享、融合发展平台，创新校企互为依存、共同发展的新机制，探索新模式。

二、创新人才培养模式

集团探索形成了全价值链校企联盟下的"3·3·3"人才培养模式。

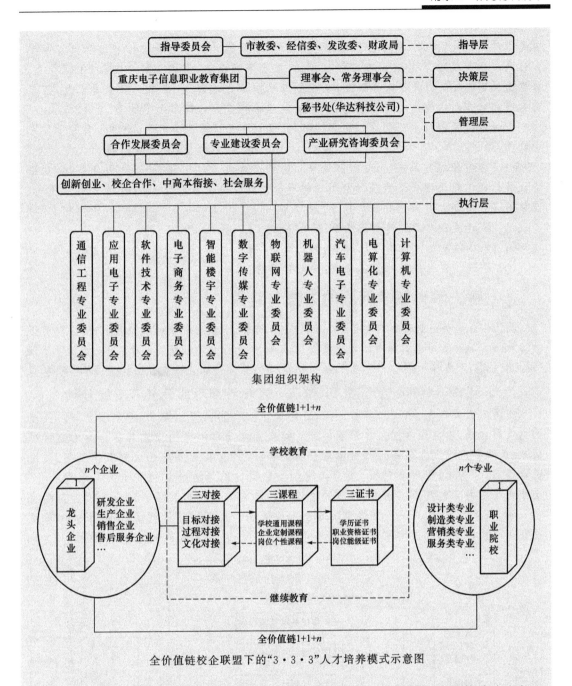

集团组织架构

全价值链校企联盟下的"3·3·3"人才培养模式示意图

全价值链是波特"价值链"理论的衍生,是指能够实现价值再造和价值转移的全部环节,作为行业企业人才培养基地的学校也是全价值链上的重要一环。全价值链下"1+1+n"校企联盟的理论文章被《光明日报》全文刊载,并被《求是》等重要媒体网站转载。一个"1"指职业院校(院校联盟),另一个"1"指龙头企业,"n"指上下游企业及其对应的相关专业。该模式区别于传统的学校与单个企业、非同一价值链企业的分散合作模式,龙头企业及其上下游企业全程参与学校的人才培养,从而实现格式塔理论"整体大于部分之和"的整体优势。在该模式下建立的"重电-长安校企联盟",学校与长安汽车作为双主体联动长安汽研院、万友汽车等41家上下游企业成立的"重庆通信行业校企合作联盟",以及中兴作为龙头企业联动环联科技、重庆通建等43家上下游企业,形成了"1+1+n"整体合力,每年提供近1000个实习就业岗位,全程参与学校师资培训、人才培养和学生就业,每年组织产业链企业进校进行专场招聘,毕业生就业率和专业对口率大幅提升。

全价值链下的校企联盟通过"三对接""三课程""三证书",全过程、全方位参与学校人才培养,形成了"3·3·3"人才培养模式。"三对接"即目标对接、过程对接和文化对接,"三课程"即学校通用课程、企业定制课程和岗位个性课程,"三证书"即学历证书、职业资格证书和岗位能级证书。我校探索形成的全价值链校企联盟下"3·3·3"人才培养模式,能够解决当前职业教育中存在的三个"脱节"问题:

(1) 培养目标与产业链需求脱节,缺乏系统性;
(2) 课程体系与岗位群需求脱节,缺乏针对性;
(3) 学校教育与再提升需求脱节,缺乏持续性。

三、解决教育教学问题的方法与路径

集团依托龙头企业联动其上下游企业,建立起全价值链"1+1+n"校企联盟,校企联盟下的"3·3·3"人才培养模式是对国家职业教育"五对接"的深化与创新,"三对接""三课程""三证书"互融互通、环环相扣,形成了有机的统一整体,解决了当前职业教育中三个"脱节"的问题。

(一) 建立"三对接"培养机制,解决人才培养与产业链需求脱节问题

集团为长安汽车、中兴培养的人才,既侧重龙头企业的岗位需求,又兼顾上下游企业的岗位群需求,以实现集团人才培养目标对接企业复合型人才的需求目标。集团的课程体系、课程标准等人才培养过程要素与长安汽车、中兴及其上下游企业的工作任务、岗位需求等五大工作过程要素对接,从而实现学生在同一价值链企业相关岗位零距离就业。集团在校企共建的汽车工程中心、中兴通讯NC学院等实践教学场所宣传展示企业的文化元素,每年组织近10次不同规模的学生企业观摩和员工进课堂活动,多种形式实现企业文化与校园文化的对接融合。以汽车类专业"三对接"人才培养机制为例,如下:

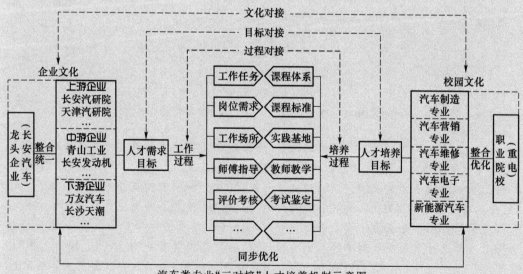

汽车类专业"三对接"人才培养机制示意图

(二) 校企联盟共建"三课程",解决课程体系与岗位群需求脱节问题

学校通用课程有 64 门,着重培养学生综合素质和职业通用能力,其中包括依据国家规定开设的"高等数学"等通识课 13 门。长安汽车、中兴主导,校企共同开发了"汽车装配与调试""数据网络组建与维护"等企业定制课程 46 门,着重培养学生职业特定能力。青山工业、环联科技等长安汽车、中兴上下游企业,与学校根据典型岗位需求共同开发了"长安商用车星级维修技师培训技能教程(三星)""通信工程实施"等岗位个性课程 20 门,着重培养学生职业岗位能力。"三课程"互为基础和支撑,与产业发展、岗位需求变化同步更新,按照"四横五纵"的实施路径逐级提升学生的综合素养和技术技能。

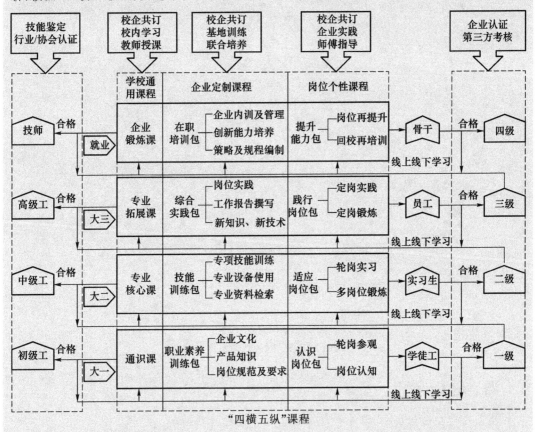

"四横五纵"课程

(三)"三证"融通晋级机制,解决学校教育与再提升需求脱节问题

学校探索将证书考核内容融入日常课程,以课程考试逐步替代证书考试,学生课程考试合格后即可获得对应的职业资格证和企业能级证,避免重复学习和考试,实现不同证书间的融通。96%的汽车、通信专业学生,在校期间获得了职业资格证、企业能级证。学校还与长安汽车、中兴及其上下游企业建立起学生发展的长效机制,企业要求毕业学生继续回校培训,考取更高级别的职业资格证和企业能级证,以此获得更多的晋级、加薪机会。在"1+1+n"校企联盟模式下,"三证"融通晋级能够更好地促进学生能力的持续提升,从而将学校教育与终身教育有效衔接。以 2019—2021 年为例,汽车专业有 128 人回校参加技能培训,获得长安汽车的四星、五星维修师证书。

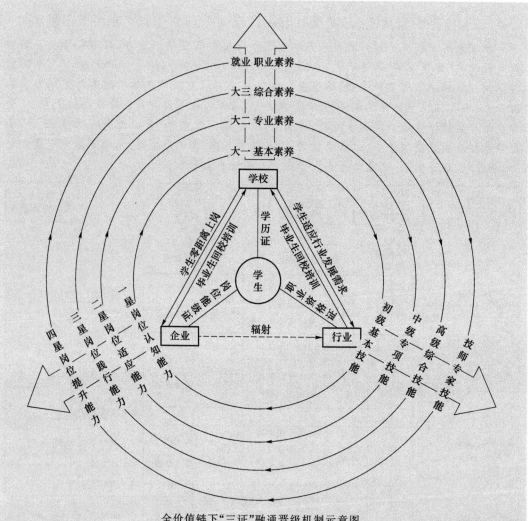

全价值链下"三证"融通晋级机制示意图

四、创新点

集团在校企合作、人才培养和终身教育等方面进行了创新。

(一)全价值链产教融合、校企合作的理论创新

集团以全价值链"1+1+n"为模型,率先建立了"重电-长安校企联盟""重庆通信行业校企合作联盟",而后推广建立了"重电-华为ICT校企联盟"等6个其他校企联盟组织。在长达6年的实践探索中,课题组成员先后发表了核心期刊理论文章多篇,特别是在《光明日报》上发表的理论文章《全价值链下的校企战略联盟》,系统地总结了产教融合、校企合作的重大理论创新成果,被求是网、中国社会科学网等重要媒体网站全文转载。

(二)校企联盟下"3·3·3"人才培养模式的实践创新

基于全价值链理论,整合龙头企业及其上下游企业资源,首创"3·3·3"人才培养模式。通过"三对接"解决培养目标与产业链需求脱节的问题,通过"三课程"解决课程体系

与岗位群需求脱节的问题,通过"三证书"解决学校教育与再提升需求脱节的问题,从而形成同一价值链上下游企业全过程、全方位参与人才培养的良好格局。

(三) 学校教育与终身教育有效衔接的机制创新

"三证"融通晋级机制实现了学校教育与终身教育的有效衔接。在校期间,学校建立"证书融通"机制,让学生通过课程考试即可获得对应等级的职业资格证和企业能级证,避免不必要的重复学习和考试。就业后,学校与企业建立"证书晋级"机制,让学生通过回炉培训考取更高级别的职业资格证和企业能级证,帮助学生持续提升技术技能,把学生的培养和评价从学校教育拉长到终身教育。

五、推广应用效果

(一) 成果应用

经过应用实践,我校在汽车、通信类专业的人才培养、专业建设、师资队伍、社会服务等方面都取得了明显效果。

1. 学生综合素质和持续发展能力有效提升

2019—2021年,汽车、通信类专业累计培养复合型、发展型技术技能人才3 151人。学生获32项国家级、市级技能大赛奖项,其中国家级一等奖4项。学生集中在长安汽车、中兴及其上下游企业就业,就业率为97.33%,专业对口率为82.50%,部分专业月起薪高出学校平均水平近800元。汽车专业学生进入长安汽车及其上下游企业715人,企业认可度达95.30%;通信专业学生进入中兴及其上下游企业835人,NC助理工程师证书通过率为95%以上。

2. 专业课程建设成效显著

通信技术建成国家级示范专业,汽车制造与装配技术建成市级示范专业,立项市级专业能力提升项目2项、骨干专业建设项目3项、专业资源库建设项目1项,校企共建国家级精品课(资源共享课)4门、市级精品课(资源共享课)5门,联盟合作开发出版教材16部,其中国家级"十二五"规划教材6部。麦可思报告显示,通信工程学院、汽车工程学院教学效果明显优于其他学院,其中汽车学院师生交流程度为全校第一,通信工程学院教学满意度为94%,居全校第二。

3. 团队成员教研科研能力整体提升

项目成员攻读博士学位2人,获全国五一劳动奖章、国务院政府特殊津贴、世界技能大赛汽车技术中国国家队教练称号1人,指导学生参加第43届世界技能大赛(汽车电气项目)获得第一名,国家技能大赛优秀指导教师、重庆市教学名师培养计划优秀教师1人,发表核心期刊论文32篇,出版专著2部,主持市级以上教研科研课题12项,获得国家专利60项(发明专利12项)。

4. 社会服务能力进一步增强

为长安汽车及其上下游企业开展新员工培训4 013人次,经销商新车型培训、星级技师培训5 203人次,其中缅甸、埃及等海外员工12人次,为西南交通大学等本科学生进行技能培训660人次;为中兴及其上下游企业开展技能培训2 083人次,其中苏丹、马里等国际学生8人次,开展职教师资培训12期398人次,累计创造社会服务价值2 000余万元。

(二) 成果推广

一是校内推广。在学校18个专业中推广,同时推广建立了"重电-华为ICT校企合作联盟"等6个校企联盟组织,2013—2018年各类培训和技能鉴定22 585人次,技术服务创收共计10 262万元。二是校外推广。在重要学术会议发言42次,赴高职院校、企业峰会等做经验分享80余场次,在珠海城市职业技术学院、西南交通大学等102所高校借鉴交流经验。

(三) 社会影响

该成果理论文章在《光明日报》发表,求是网、中国社会科学网、中国经济网、凤凰资讯等重要媒体网站,以及河南工业大学等高校网站全文转载。李卫红、曾庆红等原教育部和重庆市领导,以及重庆市教委、经信委等部门领导多次视察学校全价值链校企联盟下"3·3·3"人才培养模式的实施成效并给予了高度评价。参与联盟的企业有300余家,企业在员工管理体系建设、形象品质提升等方面明显改善,例如长安汽车用户满意度从2016年的87.79%提高到2018年的95.53%。

附录 3 校企合作开展情况及佐证材料

2014 年至今,学校校企合作工作成效显著,获得丰硕成果:共成立 7 个产业学院;建立省部级及以上实训基地 14 个(其中 3 个国家级、11 个省部级);获校企合作示范项目 1 项;建成校企合作双基地 3 个、创新基地 4 个、职教集团 1 个、省部级及以上技能大师工作室 5 个。通过提升综合实力,发展专业,协同重庆市通信行业职业技能鉴定中心、中国铁塔股份有限公司重庆市分公司等企业共建平台等工作,学校已具备开展"学历证书+若干职业技能等级证书"制度试点的基础;企业通过人才培养、培训基地建设以及设备、资金等慷慨捐赠,对学校提供了充分支持。

一、成立产业学院 7 个

基本情况:通过签订校企合作框架协议,学校与华为技术有限公司、海尔数字科技有限公司、北京新大陆时代教育科技有限公司、长安汽车股份有限公司、新迈尔(北京)科技有限公司、上海培越教育科技有限公司、启明星辰股份有限公司等国内著名企业共建了产业学院。具体情况如表 1 所示。

表 1 重庆电子工程职业学院校企共建产业学院明细表

序号	产业学院名称	参与二级学院	合作企业	成立时间
1	重电-新大陆物联网学院	电子与物联网学院	北京新大陆时代教育科技有限公司	2018 年 3 月 21 日
2	长安汽车大学智能制造工程学院	智能制造与汽车学院	长安汽车股份有限公司	2018 年 6 月 28 日
3	网络空间安全学院	人工智能与大数据学院	启明星辰股份有限公司	2018 年 7 月 17 日
4	重电-华为 ICT 学院	通信工程学院	华为技术有限公司	2018 年 10 月 10 日
5	重电-海尔 COSMOPlat 智能学院	电子与物联网学院	海尔数字科技有限公司	2018 年 10 月 15 日
6	中关村数字媒体学院	数字媒体学院	新迈尔(北京)科技有限公司	2017 年 10 月
7	航空学院	智能制造与汽车学院	上海培越教育科技有限公司	2018 年 1 月

佐证材料：

"重电-华为 ICT 学院"校企合作协议

"长安汽车大学智能制造工程学院"校企合作协议

附录3 校企合作开展情况及佐证材料

重庆电子工程职业学院与
北京新大陆时代教育科技有限公司共建
重电-新大陆物联网学院协议书

甲方（校方）： 重庆电子工程职业学院

乙方（企业）： 北京新大陆时代教育科技有限公司

日期：2018年3月

"重电-新大陆物联网学院"校企合作协议

(a)

(b)

"启明星辰网络空间安全学院"校企合作协议

— 167 —

战略合作协议

甲方协议号：CDHZ-2018-DW002
乙方协议号：
签订时间：（合同签订时间）
签订地点：青岛市崂山区

重庆电子工程职业学院

与

海尔数字科技（南京）有限公司

战略合作协议

"海尔智能电子学院"校企合作协议

合同编号：CDHZ-2018-LL081

重庆电子工程职业学院
上海培越教育科技有限公司

航空学院建设
合作框架协议

二〇一八年一月

"航空学院"校企合作协议

附录3 校企合作开展情况及佐证材料

"中关村数字媒体学院"校企合作协议

二、建立省部级及以上实训基地 14 个

基本情况：重庆电子工程职业学院共建成省部级及以上实训基地 14 个，其中国家级实训基地 3 个、省部级实训基地 11 个。具体情况如表 2 所示。

表 2　重庆电子工程职业学院省部级及以上实训基地明细表

级　别	基地名称	批准单位	备　注
国家级实训基地(3个)	电子电工	教育部、财政部	教财〔2005〕12 号
	汽车维修	教育部、财政部	教财〔2005〕12 号
	建筑智能化工程技术	教育部、财政部	财教〔2012〕145 号
省部级实训基地(11个)	电子信息技术	重庆市教育委员会	渝教高发〔2018〕18 号
	数控技术	重庆市财政局	2007 年
	图形-图像制作技术	重庆市教育委员会	2013 年
	电子技术应用协同创新基地		2017 年
	人工智能研究与创新中心		2017 年
	汽车智能技术协同创新中心		2018 年
	ICT 行业创新基地		2018 年
	信息通信技术(ICT)专业群	重庆市教育委员会	2018 年
	重电-阿里巴巴新零售人才培养双基地	重庆市教育委员会	2018 年
	人工智能与大数据专业集群	重庆市教育委员会	2018 年
	汽车智能技术协同创新中心	重庆市教育委员会	2018 年

佐证材料：

教育部、财政部关于印发《中央财政支持的职业教育实训基地建设项目支持奖励评审试行标准》的通知

作者：未知 来自：未知 点击：287 时间：2007-1-4

教财〔2005〕12号

各省、自治区、直辖市教育厅(教委)、财政厅(局)、计划单列市教育局、财政局，新疆生产建设兵团教育局、财务局：

2004年全国职业教育工作会议以来，各地认真贯彻落实会议精神和《教育部·财政部关于推进职业教育若干工作的意见》（教财〔2004〕9号），在职业教育发展中坚持以服务为宗旨、以就业为导向的办学指导思想，不断推进教育教学、教材建设、课程设置、培养模式和内部管理制度等各项改革，积极探索产教结合、产学合作、实训基地运行的有效机制，切实加强实训基地建设，努力提高学生的实践动手能力和综合职业能力，增强实训基地为周边学校及企业培养技能型人才服务的能力，赢得了当地政府、企业和社会对职业教育实训基地建设的重视与支持，使职业教育实训基地正在成为我国职业教育改革与发展中的一个重要亮点。

电子电工、汽车维修专业佐证材料

三、校企合作示范项目1项

基本情况： 重庆电子工程职业学院信息通信技术（ICT）专业群被确定为重庆市高等职业教育校企合作示范项目。

佐证材料：

重庆市教育委员会文件
重庆市财政局

渝教高发〔2018〕20号

重庆市教育委员会 重庆市财政局
关于公布2018年重庆市高等职业教育校企合作
示范项目立项建设名单的通知

各高职（专科）院校：

根据《重庆市教育委员会重庆市财政局关于开展高等职业教育校企合作示范项目申报工作的通知》（渝教高函〔2018〕49号）要求，经学校申报、专家评审、网站公示，公示无异议后，确定重庆电子工程职业学院信息通信技术（ICT）专业群等10个校企合作示范项目立项建设，现予以公布。

重庆市教育委员会 重庆市财政局关于公布2018年重庆市高等职业教育
校企合作示范项目立项建设名单的通知

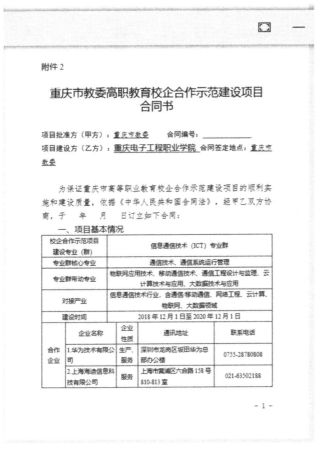

重庆市教委高职教育校企合作示范建设项目合同书

四、建设双基地 3 个

基本情况：重庆电子工程职业学院与阿里巴巴集团等知名企业成立了重电-阿里巴巴新零售人才培养双基地、电子信息工程技术专业（群）人才培养双基地、人工智能与大数据专业集群人才培养双基地、信息通信技术（ICT）专业群人才培养双基地等。具体情况如表3所示。

表3 重庆电子工程职业学院双基地建设一览表

序号	双基地名称	对接产业	合作企业	成立时间
1	重电-阿里巴巴新零售人才培养双基地	新兴服务业、互联网产业	阿里巴巴集团	2018年12月6日
2	电子信息工程技术专业（群）双基地	电子信息工程技术	青岛海尔股份有限公司	2018年12月5日
3	人工智能与大数据专业集群双基地	大数据、人工智能、智能超算、软件服务、物联网、智能机器人、智能硬件、智能制造装备、数字内容	重庆中科云丛科技有限公司、腾讯云计算（北京）有限责任公司	2018年11月29日

重庆市教委高职教育双基地建设项目合同书

项目批准方（甲方）：重庆市教委　　合同编号：＿＿＿＿＿＿
项目建设方（乙方）：重庆电子工程职业学院　合同签定地点：重庆市教委

为保证重庆市高等职业教育双基地建设项目的顺利实施和建设质量，依据《中华人民共和国合同法》，经甲乙双方协商，于年月日订立如下合同：

一、项目基本情况

双基地项目名称		重电-阿里巴巴新零售人才培养双基地		
双基地适用专业		电子商务		
对接产业		新兴服务业、互联网产业		
建设时间		2018年12月6日至2020年12月31日		
合作企业	企业名称	企业性质	通讯地址	联系电话
	1. 阿里巴巴集团	私营企业	杭州市余杭区文一西路969号	0571-8502 2088
	2.			
项目负责人	姓名	性别	职务/职称	联系电话	电子邮箱
	董征宇	男	系主任/教授	13608380136	dongzy000@126.com
主要成员	汪启航	男	副院长/副教授	13368130763	110083030@qq.com
	黄志平	男	院长/教授	13320269110	323207920@qq.com
	王峰琼	女	教授	18883231108	21088325@qq.com
	刘源	男	副教授	13101271189	15003077@qq.com
	康立峰	男	商务总监	18605711378	lifeng.qlulf@alibaba-inc.com
	王娜	女	区域经理	13983930017	cissy.wangn@alibaba-inc.com

— 1 —

"重电-阿里巴巴新零售人才培养双基地"协议书

附件3

重庆市教委高职教育双基地建设项目合同书

项目批准方（甲方）：重庆市教委　　合同编号：＿＿＿＿＿＿
项目建设方（乙方）：重庆电子工程职业学院　合同签定地点：重庆市教委

为保证重庆市高等职业教育双基地建设项目的顺利实施和建设质量，依据《中华人民共和国合同法》，经甲乙双方协商，于年月日订立如下合同：

一、项目基本情况

双基地项目名称		电子信息工程技术专业（群）		
双基地适用专业		电子信息工程技术		
对接产业		电子信息产业		
建设时间		2018年12月5日至2020年12月4日		
合作企业	企业名称	企业性质	通讯地址	联系电话
	青岛海尔股份有限公司	合资	总部地址：青岛市4方区海丘路28号利群海琴广场B1层	0086-4006-999-999
项目负责人	姓名	性别	职务/职称	联系电话	电子邮箱
	王用鑫	男	教授/主任	15803902011	82346654@vv.com
主要成员	彭华	女	教授	13017679286	23370806@vv.com
	罗小辉	男	副教授	13883149724	28051060@qq.com
	刘勇	男	讲师	18023419050	16537324@qq.com
	吴娟	女	副教授	13512360581	46957481@qq.com
	陈利丰	男	高级总监	13042466994	307631941@qq.com
	李伟	男	运营总监	15320213998	413076548@qq.com

— 1 —

"电子信息工程技术专业（群）"双基地协议书

"人工智能与大数据专业集群"双基地协议书

五、建成创新基地 4 个

基本情况：联合中国航天科工集团第三研究院第三一〇研究所等企业，共建校企合作创新基地 4 个，具体情况如表 4 所示。

表 4 校企合作创新基地

序　号	创新基地名称	参与二级学院	合作企业	成立时间
1	电子技术应用协同创新基地	电子与物联网学院	中国航天科工集团第三研究院第三一〇研究所	2017 年 12 月 19 日
2	汽车智能技术协同创新中心	智能制造汽车学院	重庆君歌电子科技有限公司	2018 年 4 月 16 日
3	人工智能研究与创新中心	人工智能与大数据学院	广州粤嵌通信科技股份有限公司	2017 年 6 月 9 日
4	ICT 行业创新基地	通信工程学院	华为技术有限公司、上海海迪信息科技有限公司、重庆鸿捷通信科技发展有限公司	2018 年 12 月 1 日

佐证材料：

 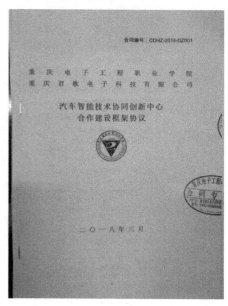

电子技术应用协同创新基地框架合作协议书　　汽车智能技术协同创新中心合作建设框架协议

六、建成职教集团 1 个

基本情况：重庆电子信息职业教育集团于 2016 年 12 月组建，并于 2019 年被认定为重庆高等职业教育示范性职教集团。

佐证材料：

(a)

附件

同意备案职业教育集团名单

序号	牵头单位	职教集团名称	组建时间
1	重庆三峡医药高等专科学校	重庆三峡库区医教协同职业教育集团	2012.05
2	重庆医药高等专科学校	重庆医药职业教育集团	2012.05
3	重庆航天职业技术学院	重庆航空航天职教集团	2017.11
4	重庆电子工程职业学院	重庆电子信息职业教育集团	2016.12
5	重庆城市管理职业学院	重庆现代服务业职教集团	2017.10
6	重庆工程职业技术学院	重庆测绘地理信息职业教育集团	2017.10
7	重庆工贸职业技术学院	重庆药品食品职业教育集团	2017.04
8	重庆水利电力职业技术学院	重庆水利水电职业教育集团	2018.03
9	重庆信息技术职业学院	重庆互联网产业职业教育集团	2018.03

(b)

重庆市教育委员会关于同意重庆三峡库区医教协同
职业教育集团等9个职业教育集团备案的通知

重庆市教育委员会文件

渝教高发〔2019〕4号

重庆市教育委员会
关于公布2018年重庆市高等职业教育
示范性职业教育集团认定（培育）名单的通知

各高职（专科）院校：

根据《重庆市教育委员会办公室关于开展示范性职业教育集团评选认定工作的通知》（渝教办函〔2018〕328号）要求，经学校申报、评审、公示，确定重庆职业教育基地财贸职业教育集团等5个为示范性职教集团、重庆现代服务业职业教育集团等5个

(a)

附件1

2018年重庆市高等职业教育示范性职业教育集团认定（培育）名单

序号	学校名称	职教集团名称	备注
1	重庆财经职业学院	重庆职业教育基地财贸职业教育集团	认定
2	重庆工业职业技术学院	重庆智能制造职教集团	认定
3	重庆电子工程职业学院	重庆电子信息职业教育集团	认定
4	重庆医药高等专科学校	重庆医药职业教育集团	认定
5	重庆水利电力职业技术学院	重庆水利水电职业教育集团	认定
6	重庆城市管理职业学院	重庆现代服务业职业教育集团	培育
7	重庆工程职业技术学院	重庆测绘地理信息职业教育集团	培育
8	重庆三峡医药高等专科学校	重庆三峡库区医教协同职业教育集团	培育
9	重庆公共运输职业学院	西南轨道交通职业教育集团	培育
10	重庆三峡职业学院	重庆市现代农业职教集团	培育

(b)

重庆市教育委员会关于公布2018年重庆市高等职业教育
示范性职业教育集团认定（培育）名单的通知

七、建成省部级及以上技能大师工作室 5 个

工作成效：技能大师工作室在带徒传技、技术攻关、行业培训等方面均取得了丰硕成果，取得了良好的社会效益和经济效益，如表 5 所示。

表 5 技能大师工作室成效

序号	成果		年份
1	培训师培养 26 人	国务院政府特殊津贴获得者 4 人	2014—2018 年
		全国五一劳动奖章获得者 2 人	
		全国交通技术能手 6 人	
		人社局技能大师 5 人	
		国际中英文双语培训师 2 人	
2	举行技师培训 5 期		2014—2018 年
3	共培训技师、高级技师 153 人		2014—2018 年
4	承办长安欧尚汽车维修技能大赛		2015 年、2017 年、2018 年
5	承办长安新能源科技有限公司经销商维修技能大赛		2018 年
6	校企合作开发教程 16 部		2014—2018 年
7	发明专利 32 项		2014—2018 年

佐证材料：

（a）

附件1

国家级技能大师工作室名单

序号	工作室名称	所在单位
1	黄健机修钳工国家级技能大师工作室	重庆长安工业（集团）有限责任公司
2	李虎汽车调试电工国家级技能大师工作室	重庆长安汽车股份有限公司
3	聂凤美发师国家级技能大师工作室	重庆五一高级技工学校
4	刘波平中式烹调师国家级技能大师工作室	重庆厨界餐饮管理有限责任公司
5	陈良无线电调试工国家级技能大师工作室	重庆电子工程职业学院
6	姜荣工艺美术国家级技能大师工作室	重庆市荣昌区云宝夏布有限公司

(b)

附件3：市级技能大师工作室名单

序号	工作室名称	所在单位
1	蒋晓维修电工市级技能大师工作室	重庆铁马工业集团有限公司
2	陈皓波维修电工市级技能大师工作室	重庆长安汽车股份有限公司
3	钟伟公交驾驶员市级技能大师工作室	重庆两江公共交通有限公司
4	汤飚制冷设备维修工市级技能大师工作室	太极集团重庆涪陵制药厂有限公司
5	胡世泽矿井维修电工市级技能大师工作室	重庆松藻煤电有限责任公司渝阳煤矿
6	李鹏工程测量员市级技能大师工作室	重庆市勘测院
7	李雷汽车维修工市级技能大师工作室	重庆工业职业技术学院
8	付少华无线电调试工市级技能大师工作室	重庆机械电子技师学院
9	单大琼刺绣（手绣工）市级技能大师工作室	重庆大琼刺绣工艺品有限公司
10	梅容芳健康照护市级技能大师工作室	重庆市卫生技工学校
11	刘雄西式烹调师市级技能大师工作室	重庆商务高级技工学校
12	陈志军汽车维修工市级技能大师工作室	重庆电子工程职业学院

（c）

中共重庆市委组织部 重庆市人力资源和社会保障局关于
建立2017年技能大师工作室的通知

八、有开展"学历证书＋若干职业技能等级证书"制度试点的基础

（一）平台基础

由重庆市通信行业职业技能鉴定中心牵头，中国铁塔股份有限公司重庆市分公司出资，建立了重电—铁塔实训基地，这一实训基地的建立为学校探索人才培养、技能鉴定奠定了坚实的基础，为"1＋X"制度试点提供了平台基础。

重电-铁塔实训基地揭牌仪式

(二) 专业基础与试点实力

学校作为老牌国家示范性高职院校,且在"2019广州日报高职高专排行榜"中排名第六,符合《教育部等四部门印发〈关于在院校实施"学历证书+若干职业技能等级证书"制度试点方案〉的通知》(教职成〔2019〕6号)强调的带头试点高职院校条件,且可在文件中五个试点领域找到对应专业和资源条件,具备试点实力。

(三) 评价组织

学校面向区域经济社会发展紧缺领域,开展高技能人才培训的基地和项目。2015年10月至2018年4月,通信工程学院-华为学院、重庆电子工程职业学院高技能人才培训基地累计开班11次,培训高新技术类人才1575人,为"1+X"试点提供了评价组织支持。具体情况如表6、表7所示。

表6 2015—2019年汽车学院培训项目统计(通信工程学院-华为学院)

序号	项目性质	培训名称	培训天数	期数	参训人数	总人日
1	长安商用车星级培训	长安商用车星级培训(三星)	7	30	769	37 681
		长安商用车星级培训(四星)	5	19	374	9 350
		长安商用车星级培训(五星)	5	3	49	1 225
		长安欧尚新能源培训	5	11	265	6 625
2	长安新能源培训	长安新能源培训	5	16	386	9 650
3	高技能人才培训基地	物联网应用技术专业	1		1 000	1 000
		软件与信息服务	1		1 200	1 200
		通信系统运行管理	1		1 200	1 200
		汽车维修工培训	5	5	152	3 800

表7 2015—2018年开班培训明细表

序 号	时 间	培训人数	培训内容
1	2016年11月	87	重庆市公安局公安网扩容统一招标项目技术培训
2	2018年7月21—30日	8	中国教学仪器设备有限公司客户云计算技术培训
3	2018年12月	63	重庆铁塔室内分布培训
4	2019年1月	62	万盛经开区中小学教师信息技术培训
5	2015—2017年	50	华为HCNP-R&S认证周末培训
6	2016年7月12—21日	35	高职院校专业骨干教师国家级培训
7	2016年	75	华为HCNP-R&S认证周末培训
8	2017年	90	华为HCNP-R&S认证周末培训
9	2018年	67	华为HCNP-R&S认证周末培训
10	2018年	675	全国计算机高新技术培训
11	2019年	363	工业和信息化部应用人才测评培训
合 计		1 575	

九、合作企业对学校的支持投入力度大

(一) 人才培养投入

自学校2015年建立重庆电子工程职业学校现代学徒制试点工作实施方案以来,与合作企业共建现代学徒制班,覆盖了四个二级学院,涉及六个专业,为学校深化产教融合、完善技术技能人才培养模式立下了功劳,具体如表8所示。

表8 校企共建现代学徒制班统计表

序 号	班级名字/专业	二级学院	企业	成立时间
1	通信工程设计与监理专业	通信工程学院	重庆鸿捷通信科技发展有限公司	2016年3月1日
2	光电显示技术专业	电子与物联网学院	重庆君歌电子科技有限公司	2017年11月12日
3	广播影视节目制作专业现代学徒制试点	数字媒体学院	重庆德瓦科技有限公司	2016年9月
4	汽车制造与装配技术专业	智能制造与汽车学院	德尔福派克电气系统有限公司重庆分公司、重庆杰信联众机械有限公司和重庆迈奥汽车设计有限公司等	2017年9月2日

续表

序号	班级名字/专业	二级学院	企业	成立时间
5	软件技术专业	人工智能与大数据学院	重庆叁壹伍捌信息技术有限公司、重庆昂码信息科技有限公司、重庆立固科技有限公司等	2016年12月30日
6	工业机器人技术专业2015级	人工智能与大数据	重庆真天星机器人有限公司、重庆盛学科技公司、重庆社平科技有限公司、重庆煌能科技有限公司、重庆恒信智创教育科技有限公司	2016年3月14日

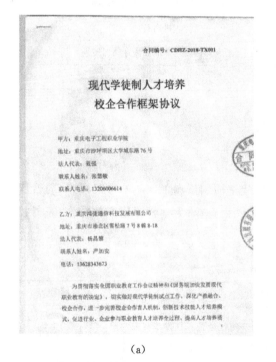

（a）

（b）

现代学徒制人才培养校企合作框架协议

（二）实训基地投入

校企共建省部级及以上实训基地4个、双基地实训基地4个、创新实训基地4个、教学实习实训基地若干，长安集团与学校共建了长安汽车校企实训基地，形成了汽车美容与装饰实训中心、新能源汽车实训中心、汽车装调技能培训中心、汽车维修技师实训中心等五个实训中心，与学校共同开发课程、研发技术，2018年总创收496.47万元。

（三）推动学校校企合作国际化发展

基本情况：与老挝琅南塔省教育厅、亚龙智能装备集团有限公司共同签署了"共建老挝、亚龙丝路学院"三方战略合作协议,依托丝路学院共建国际化人才培养模式。

(四) 企业对学校捐赠数额巨大

合作企业向学校捐赠合计 21 122 262.8 元,用于实验室建设、人才培养。二级学院接受企业捐赠情况如表 9 所示。

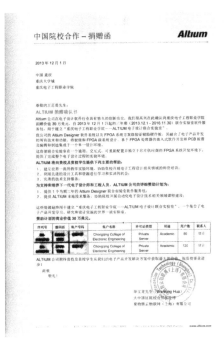

捐赠函

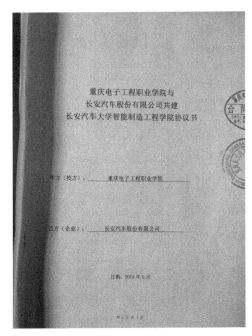

(a)

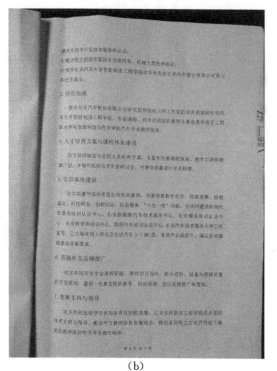
(b)

(c)

长安集团向学校免费提供车辆、发动机、零部件

表9　二级学院接受企业捐赠情况

学院	项　目	捐赠单位	类别(资金、设备、软件等)	估值/元	时　间	其他说明
财经管理学院	阿里巴巴新零售人才孵化基地	杭州阿里巴巴青橙信息技术服务有限公司	资金	207 000	2018年9—12月	用于支付参与项目学生补贴
财经管理学院	阿里巴巴新零售人才孵化基地	杭州阿里巴巴青橙信息技术服务有限公司	软件及硬件	500 000	2018年9—12月	
财经管理学院	阿里巴巴新零售人才孵化基地	杭州阿里巴巴青橙信息技术服务有限公司	人力资源薪资	300 000	2018年9—12月	
财经管理学院	阿里巴巴新零售人才孵化基地	杭州阿里巴巴青橙信息技术服务有限公司	培训课程	300 000	2018年9—12月	
电子与物联网学院	智慧城市校企合作	重庆沙磁科技有限公司	设备、软件	810 000	2018年11月	

续 表

学院	项 目	捐赠单位	类别(资金、设备、软件等)	估值/元	时 间	其他说明
通信工程学院	重电铁塔校企合作	中国铁塔股份有限公司渝中分公司	设备	4 320 000	2018年	4.9G网络实训基地和5G网络实训基地建设
	华为ICT学院专业建设校企合作	上海海迪信息科技有限公司	技术培训	1 379 500	2018年	数通方向、大数据方向、云计算方向培训
	华为ICT学院专业建设校企合作	华为技术有限公司	设备	2 500 000	2019年	华为人工AI开发板、云课堂、智慧校园IOC、校园IOT设备、实训设备等的建设
	重电鸿捷校企合作	重庆鸿捷通信科技发展有限公司	软件	490 162.8	2018年	勘察数据采集App
	重电环联校企合作	重庆环联科技有限公司	设备	985 600	2018年	OLT、路由器、交换机、防火墙、服务器等设备的建设
人工智能与大数据学院	两门专业课程建设项目	重庆致南科技有限公司	课程建设	530 000	2019年3月	
	运维审计实训系统	华道天勤(北京)技术有限公司	软件	2 840 000	2018年12月	
智能制造与汽车学院	长安汽车校企实训基地	重庆长安汽车股份有限公司	长安欧诺整车1辆	50 000	2014年4月	
	长安汽车校企实训基地	重庆长安汽车股份有限公司	长安欧诺整车1辆	45 000	2014年4月	
	长安汽车校企实训基地	重庆长安汽车股份有限公司	长安汽车发动机30台	300 000	2015年4月	
	长安汽车校企实训基地	重庆长安汽车股份有限公司	长安汽车零部件94套	940 000	2015年4月	
	长安汽车校企实训基地	重庆长安汽车股份有限公司	长安欧尚整车2辆	110 000	2017年8月	
	长安汽车校企实训基地	重庆长安汽车股份有限公司	长安CX70整车1辆	80 000	2017年8月	

续 表

学院	项 目	捐赠单位	类别（资金、设备、软件等）	估值/元	时 间	其他说明
智能制造与汽车学院	长安汽车校企实训基地	重庆长安汽车股份有限公司	长安CX70T整车2辆	180 000	2017年8月	
	长安汽车校企实训基地	重庆长安汽车股份有限公司	长安科赛整车1辆	110 000	2018年11月	
	长安汽车校企实训基地	重庆长安汽车股份有限公司	长安逸动EV460整车3辆	330 000	2018年11月	
	长安汽车校企实训基地	重庆长安汽车股份有限公司	长安新能源车动力电池30块	1 500 000	2018年4月	
	长安汽车校企实训基地	重庆长安汽车股份有限公司	长安奔奔EV整车4辆	120 000	2018年5月	
	长安汽车校企实训基地	重庆长安汽车股份有限公司	长安逸动EV300整车2辆	180 000	2018年5月	
	长安汽车校企实训基地	重庆长安汽车股份有限公司	长安欧尚EV整车2辆	140 000	2018年9月	
	长安汽车校企实训基地	重庆长安汽车股份有限公司	长安欧诺EV整车2辆	100 000	2018年9月	
	长安汽车校企实训基地	重庆长安汽车股份有限公司	长安轻卡EV整车1辆	50 000	2018年9月	
	长安汽车校企实训基地	重庆长安汽车股份有限公司	长安CS75phev整车2辆	200 000	2018年9月	
	长安汽车校企实训基地	重庆长安汽车股份有限公司	长安之星EV 1辆	45 000	2018年9月	
	长安汽车校企实训基地	重庆长安汽车股份有限公司	长安尼欧电动车1辆	30 000	2018年9月	
	长安汽车校企实训基地	重庆长安汽车股份有限公司	长安CS15EV整车4辆	480 000	2019年4月	
	长安汽车校企实训基地	重庆长安汽车股份有限公司	长安科尚整车1辆	120 000	2019年4月	
学校	联合建设实验室	Altium公司	经费	2 100 000	2013年	
	合 计			21 122 262.8		